Zeca (Espírito)

CARANDIRU

Um Depoimento Póstumo

Pelo Médium

Renato Castelani

Romance Mediúnico

lachâtre

Instituto Lachâtre
Rua Dom Bosco, 44, Mooca – CEP 03105-020
São Paulo – SP
Telefone: 11 2277-1747
Site: www.lachatre.org.br
E-mail: editora@lachatre.org.br

Programação Visual da Capa
Andrei Polessi

5ª edição – Fevereiro de 2019
Do 23.001º ao 30.000º exemplar

Impresso no Brasil
Presita en Brazilo

CIP-Brasil. Catalogação na fonte

Castelani, Renato
Carandiru – um depoimento póstumo / Renato Castelani (pelo espírito Zeca) – 5ª ed. Bragança Paulista, SP : Lachâtre, 2019.

192p.

1.Espiritismo. 2.Romance espírita. 3.Carandiru. I.Título.

CDD 133.9 CDU 133.7

Prefácio

Quanta responsabilidade senti ao ler estas linhas, mescla de culpa e de mágoa sem fim. Pois existem histórias bem reais, às quais assistimos de 'camarote', sentados em nossos confortáveis sofás, em nossas aconchegantes salas, nos telejornais ou nas novelas, que tentamos ignorar ou até mesmo crer não serem possíveis, mas apenas frutos de exacerbada ficção, de tão tristes nos parecem.

Somente a doutrina espírita poderia nos trazer a luz da compreensão e da consequente aceitação e entendimento de tão cruéis vivências. Somente os princípios das vidas sucessivas poderiam nos trazer alento e a fé de que tudo se arranjará da melhor forma possível.

Estas histórias acontecem todos os dias, tão próximas de nós, nas esquinas, nos faróis, em todos os bairros de uma grande cidade.

Tantos 'Zecas' nos abordam, tantos 'Zecas' morrem diariamente, sem que nos ocupemos sequer de orar por eles. E foi assim que este homem, que me deu tantos sonhos cor-de-rosa, que durante toda uma vida me fez sentir princesa, pôde também, graças aos maravilhosos e inexoráveis desígnios de nosso Pai Maior, me ensinar, junto com nossos irmãos iluminados e nosso querido Zeca, que a vida é aprendizado duro, difícil, e que caímos inúmeras vezes, que pensamos quase sempre, não conseguir chegar lá... mas que Deus, nosso Pai, jamais nos desampara, e sempre teremos uma nova chance de recomeçar.

E citando nosso saudoso Chico Xavier – "Não podemos voltar ao passado e refazer o que fizemos, mas podemos sempre começar a partir de hoje, fazendo o melhor que pudermos daqui por diante."

Que Deus o ilumine no seu caminho, Zeca, trazendo novos aprendizados na paz e no amor de Jesus.

E a você, meu pai terreno, meu carinho e meu eterno amor, na certeza de que esta vida não foi e nem será nosso único momento juntos, mas sim o melhor que tivemos até agora em nossas longas jornadas terrestres.

Rose
Setembro de 2007

Alguns Esclarecimentos

Durante quase trinta anos, frequentei, semanalmente, um centro espírita, de início no Parque Novo Mundo e, depois de algum tempo, no bairro de Vila Maria, na cidade de São Paulo.

Numa das reuniões, em meados de 2003, incorporou, através de nossa dirigente principal, um espírito muito humilde que, após agradecer nosso mentor espiritual pela oportunidade de que lhe fora concedida de ali estar presente, dirigiu-se diretamente a minha pessoa para solicitar que eu escrevesse sua história que, segundo ele, poderia ajudar muitos irmãos em situação semelhante à que vivenciara ele em sua última reencarnação nesta terra.

Embora nunca tivesse tido qualquer experiência anterior com a psicografia espírita, comprometi-me a ajudar aquele nosso irmão já desencarnado – uma das 111 vítimas da tragédia que ficou conhecida nos meios jornalísticos como 'o massacre do Carandiru'.

Não será preciso esclarecer ao meu amigo leitor quantas dificuldades foi necessário enfrentar para que, ao longo de quase três meses ou pouco mais, de terça à sexta-feira de cada semana, me recolhesse em minha residência para receber, sempre no mesmo horário, o texto de cada capítulo deste modesto trabalho que ora é publicado.

Não fosse o incentivo constante de minha esposa e de meus filhos, teria abandonado empreitada tão difícil a que me propusera completar, inicialmente porque, sobre o assunto, meu conhecimento se resumia ao que os meios de comunicação na época do evento, em 1992, noticiaram e, depois, porque temia a interferência que poderia ocorrer de minha parte sobre o texto que me estava sendo ditado mentalmente por um desconhecido, já desencarnado.

Devo, ainda, à dirigente de nossos trabalhos, sinceros agradecimentos pelo apoio que me emprestou quanto à responsabilidade e importância desse projeto que me foi confiado.

Faço votos de que as palavras contidas neste humilde trabalho possam servir a todos que o leiam e de renovada esperança em nosso Pai, que jamais há de abandonar um filho seu na beira do caminho, durante sua jornada terrena.

Renato Castelani

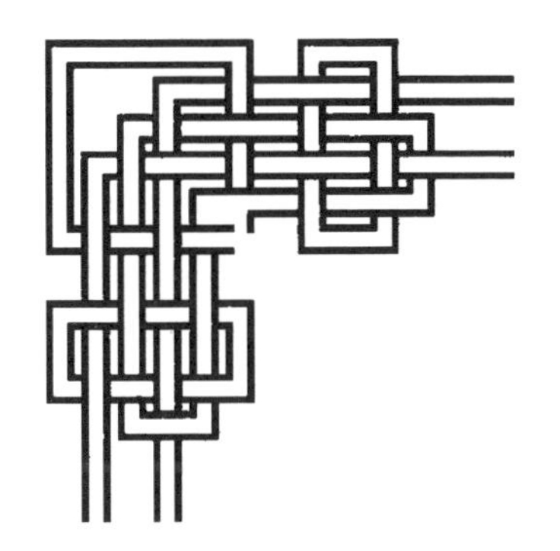

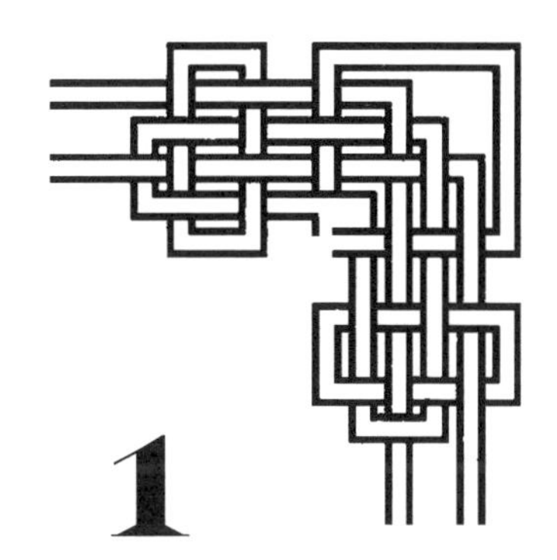

1

– Zeca, vem pra dentro. Já é tarde e seu pai não vai querer encontrar você todo sujo e encardido.

– Pô, mãe. É só mais um pouco. A gente tá na maior pelada do mundo. Meu time tá ganhando. Se empatar este jogo, vão fazer zoada em cima de mim. Não vou passar vergonha.

E, assim, caía mais cedo o sol lá embaixo no horizonte. O calor transformara nossos corpos de crianças num brilho só, de suor e poeira.

Eu não queria crescer. Não queria que a vida passasse; não queria perder esse momento de felicidade e alegria.

Nunca fui bom aluno na escola. Minha mãe fazia de tudo para eu não perder uma aula. Conseguira juntar todos os trocados que ganhara com a lavagem de roupa para as mulheres do bairro perto de nossa favela, e comprara todo o material escolar; até uma mochila usada de pano grosso.

De manhã, ela me deixava ir sozinho até a escola, que ficava quase um quilômetro longe de nosso barraco.

Ela me exibia com orgulho e satisfação para suas amigas e vizinhas.

– O Zeca vai ser motorista de ônibus quando crescer. Até lá, vou trabalhar para fazer dele um homem honesto e respeitado.

Eu ouvia tudo isso e ficava imaginando se seria possível fugir da miséria em que vivíamos.

Meu pai parecia bem mais velho do que aparentava sua idade. Não conhecera outra vida diferente dessa. Viera ainda pequeno com seus pais lá do agreste da Paraíba e já passara por mais de uma favela até se assentar nesta em que morávamos, lá pelos lados da Vila Nhocuné. O barraco fora pago em prestações que quase consumiram seu parco orçamento.

Ele era gari da Prefeitura, emprego que conseguira como cabo eleitoral de um vereador que andara pelos nossos lados na época de eleições.

Eu não queria ser como ele. Meu sonho era ser um jogador de futebol – motorista não dá futuro pra ninguém, pensava com meus botões (que na verdade eram só dois na minha camisa).

Como era difícil acompanhar os outros colegas nos estudos. Fui reprovado duas ou três vezes.

Só Deus sabe a vergonha que passava por ter de ficar na mesma sala de aula com os alunos mais novos. Era uma gozação só!

Nem cheguei a terminar a escola primária. Os meus sonhos se foram numa nuvem de fumaça. Acabara a vontade de estudar!

De repente, explode uma bomba em minha vida. Foi numa tarde que tudo começou. Meu pai não chegou do trabalho naquele dia. Minha mãe acalmou a todos nós, avisando que, com certeza, perdera a condução, porque ficara trabalhando até tarde. Nós todos sabíamos que o último ônibus perto de nossa favela passava às dez da noite.

Mas ele também não apareceu no dia seguinte. Minha mãe me deixou com meus irmãos e foi até o trabalho dele. Ninguém sabia nada. Ele saíra no horário.

Refazendo o caminho dele, minha mãe descobriu que ele fora atropelado por um caminhão que se evadiu.

No serviço social do pronto-socorro próximo do local, informaram que ele fora levado em estado grave para um hospital da prefeitura no bairro do Ipiranga.

Desesperada, ela tentou obter mais informações. Já era bem tarde quando uma assistente social teve a paciência de atendê-la. Já era tarde demais. Meu pai não resistira aos ferimentos. O serviço funerário municipal custeou o seu enterro no Cemitério de Vila Formosa. Só minha mãe estava lá para chorar a sua perda.

Eu continuei tomando conta de meus irmãos. Agora eu era o arrimo da família. Ainda não tinha doze anos e já perdera a infância.

Naquela noite, pus as mãos na cabeça e perguntei para mim mesmo por onde começar. Fazer o quê, se nada sabia fazer? O dinheiro da lavagem de roupas de minha mãe não ia dar pra nada. E eram cinco bocas pra comer.

O meu destino estava traçado e marcado pela fome, saudade e miséria!

Como eu tive inveja naquela hora dos que tinham pais, um emprego, uma casa decente.

Ninguém quis me dar um trabalho, porque daquele tamanho e com aquela idade eu acabaria sendo problema para quem quisesse me empregar.

Achei uns conhecidos mais velhos e contei a minha sina. Marcaram um encontro meu com o dono da boca de fumo da favela. Ele foi com minha cara e me garantiu que, se fizesse o trabalho direito, daria até para tirar uns cinco 'mangos' por dia. Eu só tinha que entregar uns baseados e, às vezes, umas trouxinhas nos pontos certos, dentro da favela e ali pelas redondezas. Moleza melhor não poderia ter encontrado.

Quando juntei os primeiros quinze 'mangos', levei-os todo orgulhoso para minha mãe. Ela começou a chorar como criança, porque já sabia que esse dinheiro não tinha vindo de lugar bom. Pediu, implorou pelo amor de Deus para eu sair dessa encrenca, porque sabia como iria acabar: isso ela compreendia melhor do que ninguém. Já tinha visto muitos filhos de amigas sumirem da noite para o dia, sem deixar rastro nenhum.

Aliviei o coração dela como pude e garanti que era só até eu arranjar coisa melhor. Eu tomaria cuidado; ninguém mexeria com uma criança, nem desconfiar de nada.

Naquele instante eu vi que nem as lágrimas dela me demoveriam do caminho mais fácil que eu tinha encontrado.

Um mês depois, eu já punha uns baseados na boca e tirava fumaça sem segurar o fôlego. Ficava zonzo e minha cabeça desaparecia para dar lugar a uma visão sonolenta e cansativa dos meus sonhos de criança. Eu me via jogando bola, aplaudido pelos torcedores em pé, gritando o meu nome. Eu era o herói da favela: o menino que dera certo.

Quando voltava ao normal, sofria como um cão de rua, porque nada tinha mudado. Eu era pobre e morreria um dia mais pobre ainda.

E assim, fui crescendo nesse meio de mendigos, ladrões e vagabundos, aprendiz de traficante.

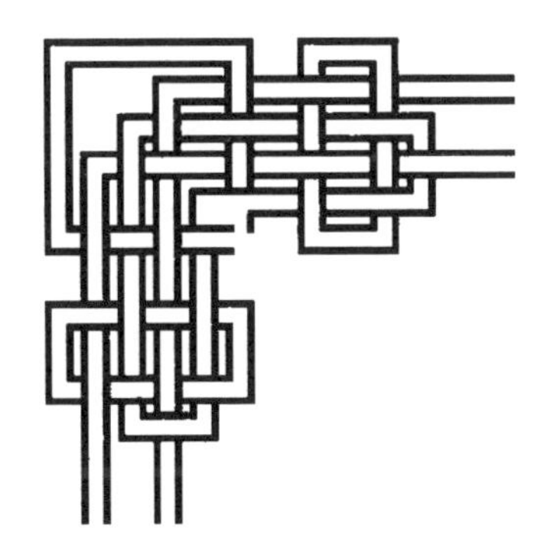

2

Sabia de cor o nome das meninas da rua que andavam com os mais velhos.

– Um dia vou ter uma só para mim! Vou escolher a mais bonita para fazer inveja para os outros.

Era toda hora enxotado pelos mais velhos para não ouvir as conversas deles: o assunto era mulher, droga e dinheiro. Nem sempre nessa mesma ordem, dependendo do humor do dia.

Minha mãe já não se importava mais comigo. Eu era um caso perdido para ela. Verdade seja dita: nunca deixei faltar dinheiro para completar o que ela precisava.

Eu já tinha quinze anos quando comecei a pensar a andar com meus próprios pés. Conhecia a manha de todos: desde a safadeza do chefe da boca que enganava o patrão dele, até os entregadores da muamba na favela. Sabia por mim mesmo que o mais esperto vence. Os trouxas ficariam para trás. Não tinham vez naquela escola de bandidos aprendizes.

Foi quando comecei a planejar o meu futuro. Lá não dava mais pé. Era 'mixo' demais. A favela ficou pequena demais para as minhas ambições. De miséria chega a minha a vida, pensava eu ao analisar, como num exame de consciência, o meu passado.

Meus limites não podiam ser fixados pela minha favela.

Deixei minha família e fui para cidade procurar os chefões do tráfico. Ninguém queria aceitar um jovem de quinze anos num ramo de atividade tão perigoso. Passei fome novamente e tive que provar minha competência e coragem.

Meu primeiro desafio foi levar uma carga de droga para uma favela num dos morros no Rio de Janeiro. Dessa vez, como 'mula' fiquei responsável, jogando tudo, até minha vida.

Arrumei-me todo 'bacana': uma calça jeans e uma camisa esporte de verdade para viajar sem o risco de ser denunciado por algum desafeto.

Maninho – esse era o nome de guerra do rei das drogas no Centro Velho de São Paulo – quis testar minha lealdade e coragem.

– Nem pense em bobagem – foi logo me dizendo. – Se você falhar, eu te caço como um cachorro vadio, até transformar você em 'presunto'.

– Deixa comigo, Maninho. Eu vou provar que posso fazer melhor que qualquer um dos seus capangas.

Honra não tem preço – esse lema eu sabia de cor e salteado. No mundo do crime só sobrevivem os espertos e inteligentes. Tudo isso eu já tinha aprendido na escola do crime na favela.

Fui recebido muito bem no Rio. Fizeram mil e uma perguntas sobre o volume de vendas em São Paulo, o cerco da polícia, as máfias locais. Disse só o que podia falar. Não era trouxa de entregar o negócio para a turma do Rio. Consegui passar uma imagem de ignorante e simples cumpridor de ordens.

Trouxe de volta a grana combinada e a certeza de que os 'paus-de-fogo' seriam entregues na data combinada.

Maninho elogiou o meu trabalho na volta e já me colocou mais perto do comando do seu grupo. Eu já era gente agora.

Foi ali que eu conheci a Inês. Menina bonita, pele morena, olhos escuros e cabelos compridos.

Foi amor à primeira vista. Eu sabia das coisas, mas ela já era traquejada e vivida. Sabia o que queria e foi logo dizendo:

– Olha, Zeca! Não pense que foi você que me escolheu. Fui eu que fisguei você, porque sei que você vai longe e vai me dar o que eu mais quero.

Na hora nem pestanejei. Ela era, naquele momento, a mulher que eu sonhara para mim.

Nas folgas saíamos juntos. Fomos ao cinema, aos restaurantes e até passeamos no Museu do Ipiranga, lugar que eu nunca tinha visto, nem imaginava como era.

Comecei a achar as coisas mais bonitas, o mundo mais alegre, a vida mais gostosa.

Entreguei-me feito um trouxa no carinho dos braços daquela menina. Afundei meu rosto naqueles cabelos cor de piche. Amei como só se pode amar alguém neste mundo.

Maninho não se opôs ao nosso namoro. Apenas me lembrou que droga e mulher não se misturam. Negócios jamais devem ser repartidos com as meninas. Elas servem para nos distrair, não para causar preocupação.

Inês foi a parte mais bonita da minha adolescência. Eu não queria que o tempo passasse. Descobri como o amor pode transformar você num delinquente ou num santo. Os sentimentos são tão vívidos e eletrizantes que você perde até a noção de sua vida quando está junto da pessoa que ama.

Fui cada vez mais fundo na senda do crime, porque mulher sem dinheiro naquela atividade é mulher que se perde a qualquer hora.

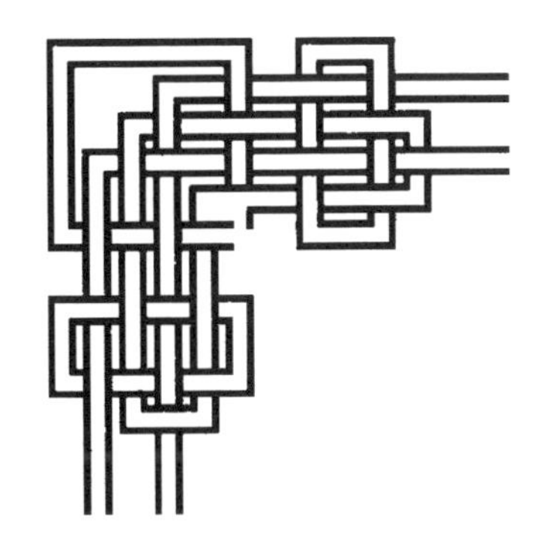

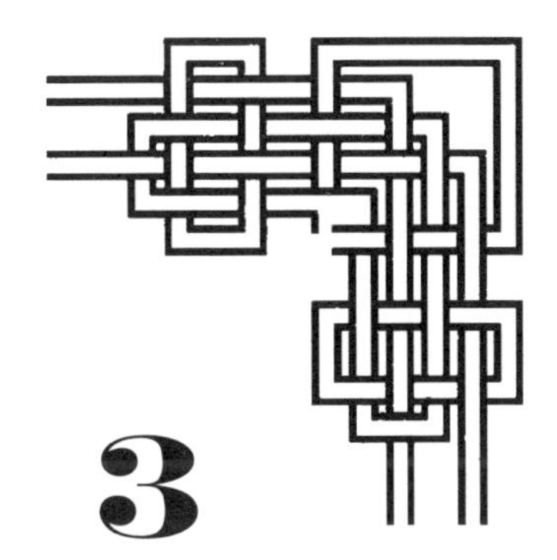

3

A escuridão é total. Não sei onde estou. O mau cheiro invade toda parte. O ar está irrespirável.

– Porque me trouxeram até aqui?

Grito como um louco, perguntando por alguém, e não há resposta. Passo as mãos pelo meu corpo e sinto as roupas em trapos.

– O que aconteceu comigo?

Uma névoa cinza cobre meus olhos. Vou tentando andar no meio daquela escuridão e um som soturno e irritante abate sobre meus ouvidos.

Não posso acreditar no que estou sentindo. É como se, de repente, tivesse sido lançado num mundo estranho e distante onde não há luz, não há gente, não há nada. Somente eu e a solidão.

Devo estar sonhando. Aperto, arranho meu próprio corpo para sentir que existo e a única resposta é uma dor lancinante, sem fim.

Tenho que achar uma saída, nunca estive numa situação tão desvantajosa e impotente. Há um fio de luz lá na frente. Vou caindo, escorregando e rasgando meus joelhos nas pedras sujas e molhadas do caminho.

– Vou chegar lá, tenho certeza!

É uma fogueira quase apagada, com pouca lenha ainda ardendo. A fumaça se mistura com a névoa e me faz engasgar com minha própria respiração. Abaixo-me para tentar aquecer minhas mãos frias e enrijecidas. Sou um mendigo em andrajos.

Há um papel amassado, jogado perto da fogueira. Avanço e me lanço sobre ele como se fosse um troféu a ser conquistado. Alguém escreveu com letras bem graúdas:

"Aqui se faz, aqui se paga! Você colhe o que semeou! Não há maior castigo que a própria consciência!"

Nenhuma assinatura, nenhuma data, nenhuma referência que pudesse trazer uma pista sobre o lugar onde estou.

O que essas palavras têm a ver comigo? Pagar o quê, se o que eu era conquistei às minhas próprias custas?

Pagar pra quê, se para sobreviver tive que pisar sem dó nem compaixão nos que se puseram à minha frente?

Aqui se faz... fazer o quê? Por acaso alguém deu alguma chance ao meu pai? Alguém chegou a colocar um lápis nas mãos dele? Morreu tão pobre como vivera, sem saber se sua existência poderia se chamar 'vida'? E minha mãe? Além das mãos duras e calejadas de tanto lavar roupas, quem lhe disse alguma vez que sua vida poderia ter sido um pouco melhor?

"Aqui se faz, aqui se paga!"

Nunca tinha ouvido uma frase tão estúpida. A mim não poderia se aplicar, porque eu tivera a sorte de sair por cima. A rua e a malandragem me ensinaram que o mais forte e o mais esperto sobrevivem. Afinal, por que pensar nessas coisas, se eu nem sabia onde estava?

– Tem alguém por aqui? – gritei com toda a força que meus pulmões ainda podiam ter. Só o eco de minhas palavras continuavam a ressoar naquele caminho escuro e sem fim.

– Tenho que sair daqui e logo, porque, senão, nunca mais vou ter qualquer chance – disse para mim mesmo.

Fome e sede começaram a abrasar o meu estômago e a secar meus lábios.

Se existe um pesadelo, esse não poderia ser pior.

"Você colhe o que semeou!"

Lá isso até que era verdade. Se eu não tivesse a malandragem e a safadeza dentro de mim, nunca teria conseguido sair daquele buraco que era a minha favela. Gente pobre, sem esperança nenhuma – como poderia eu aceitar essa humilhação? Eu posso dizer de boca cheia que colhi o melhor para mim, mas soube semear.

Afinal, onde estava Maninho que até agora não tinha vindo me procurar? Onde estavam meus companheiros que me deixaram neste estado sem me ajudar?

– Inês, preciso de você, por favor. Não estou entendendo nada.

Eu tinha tudo e, de repente, fui jogado nessa lama empesteada, nesse caminho sem fim e sem saída.

O desespero tomou conta de mim. Atirei-me de qualquer jeito contra o que pensei fosse uma parede e caí estatelado no meio da sujeira e do lodo imundo.

Abri os olhos e olhei para mim mesmo. Estava todo suado, com as roupas colando no meu corpo. Estendi a mão para acender a luz do meu quarto.

– Caramba! Nunca em minha vida me aconteceu um troço desses. Que história mais louca foi essa?

Ainda ressoava nos meus ouvidos a mesma frase:

"Aqui se faz, aqui se paga!"

– Ufa! Foi só um pesadelo. Acho que preciso tirar uns dias de descanso.

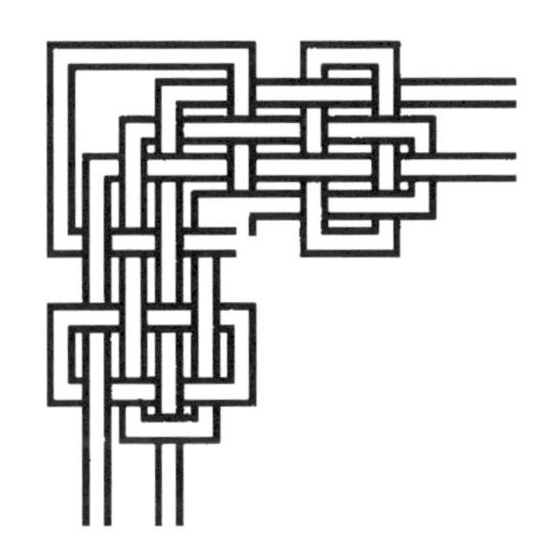

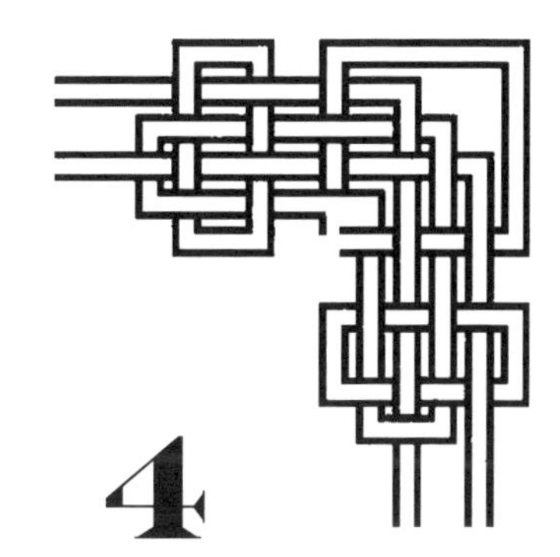

4

No mundo do crime não há contemplação para os traidores. Aprendi logo que, quanto mais cruel a vingança, maior o poder e o respeito por você.

Mandei 'apagar' dois companheiros que falharam ao desrespeitar nosso código de conduta. Nem sua família foi poupada, para servir de exemplo para qualquer outro que tivesse a ousadia de caminhar sozinho, sem obedecer às regras do jogo.

Foi num entrevero pela posse de uma boca de fumo muito rendosa que caí pela primeira vez nas mãos dos policiais. Eu sempre paguei o 'pedágio', mas nem por isso me deixaram livre dessa vez. Precisavam de um bode expiatório e foram logo tratando de entregar-me ao delegado chefe.

Como ainda era menor, passei três noites na delegacia a pão e água, apanhando de manhã, à tarde e à noite para entregar o resto da turma.

Não tinha mais lugar no corpo onde nao estivesse doendo. Eram marcas de toalhas molhadas que deixavam um rastro cor de sangue nas minhas costas. Fui mais de uma vez para o pau-de-arara e choques elétricos. Urrava como um cão vadio, mas não me davam trégua. Como não conseguiram muito comigo, deixaram-me de molho uns dois ou três dias, até que eu pudesse me levantar sozinho, para me apresentarem ao juiz de menores.

Ouvi um sermão que não tinha fim.

– Onde está sua família? Cadê seus pais? Por que você não larga essa vida, moleque? Ainda tem tempo de se recuperar.

E eu fingia ouvir tudo com a maior atenção. Era "sim, senhor" pra cá e "sim, senhor" pra lá.

– Vou mudar, seu doutor. Trabalho nessa boca porque tenho fome. Prometo não voltar mais pra lá, pode estar certo.

Como não tinha a quem confiar a minha guarda, o juiz de menores me deu uma sentença de seis meses na Febem. Eu sabia que não ficaria lá tanto tempo. Já tinha muitos conhecidos naquelas bandas. Fui direto para uma das unidades, a escola do crime e da desgraça.

Quando eu cheguei, meus colegas fizeram uma fila para me cumprimentar e garantir a minha tranquilidade. Não ia faltar droga nem bebida, enquanto estivesse protegido por aquele grupo. Estabeleci logo o meu território e já fui avisando que agora, naquele momento, começava a preparar a minha fuga.

Os monitores viviam pedindo favores para não meter o braço em cima da gente. Dei uns trocados e garanti muito mais se me deixassem agir no comando do grupo.

Parece fácil falar desse jeito. Só quem passou pelos portões da Febem pode imaginar o antro que aquela escola de crime representava.

Maninho logo mandou o advogado tentar relaxar minha 'prisão' lá dentro. Não tinha nada a fazer. Era só deixar o tempo passar e esperar que as coisas acontecessem.

Numa noite, pusemos fogo nuns colchões, subimos no telhado e começamos a destruir as instalações. Antes que a tropa de choque chegasse – porque com ela não se brinca – conseguimos, uns dez menores infratores, fugir pelos muros da instituição.

Naquela noite dormi perto de uma grande avenida, fingindo-me de limpador de vidro no farol. Deitei-me atrás de uma carroça de papelão e peguei no sono.

De manhã, já estava ligando para o Maninho para saber o lugar mais seguro para nosso encontro. Lógico que a polícia me procuraria no lugar de sempre. Mas lá eu era assim tão trouxa para entregar o recado?

De tarde, eu já estava na casa de um traficante amigo, lá pelos lados da Casa Verde. Tomei um belo banho. Vesti-me de roupa nova e cara limpa, pronto para começar uma nova empreitada.

Tinha um '38' quase novo, mas municiado. Quem é que se colocaria na minha frente e atrapalhar meu caminho?

Maninho me deu dinheiro e passagem para eu ir para Ribeirão Preto, onde ainda ninguém me conhecia. Nossos sócios de lá garantiriam meu sossego até as coisas se acalmarem por aqui.

Nem me lembrava mais da Inês. Conheci outras meninas mais assanhadas e tão bonitas como ela. Entreguei-me à devassidão, ao uso cada vez mais constante da droga e da bebida.

O mundo era meu de novo e eu ia conquistá-lo muito mais depressa do que os outros; assim pensava eu na minha ignorância.

Deixei as marcas da minha crueldade por aquela cidade. Uns cinco a mais, uns cinco a menos na ponta do meu '38', isso pouco importava. Eu era temido e isso é que valia.

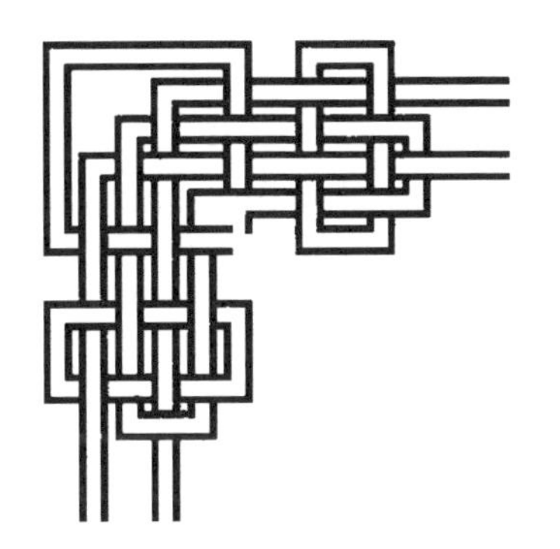

5

Estou sentado na beira de minha cama. Deixo o pensamento fugir sem destino. Dou uma olhada para trás e sinto, de repente, uma saudade imensa que invade todo meu ser.

Ouço gritos de crianças brincando em algum lugar da rua. Não consigo distinguir o motivo de tantos risos e gritos.

Vou até a janela de meu apartamento; abro as cortinas e procuro, na fraca luz das ruas, descobrir onde elas estão. Não há ninguém. Os gritos estão dentro de meu cérebro. Eu as criei ou foram postas para despertar dentro de mim um pouco do passado.

Vejo-me na velha favela, entre os garotos da vizinhança, fazendo estardalhaço e brincadeiras de moleque. Quando não era a 'pelada', inventava-se a caça aos bandidos. Às vezes eu era polícia e, logo depois, o delinquente. Escondia-me atrás de caixotes de madeiras empilhadas na porta do marceneiro. Não tinha medo de escorpiões, aranhas e outros bichos. Não podia ser localizado, afinal a brincadeira ficaria sem graça nenhuma se eu deixasse me encontrarem tão facilmente.

Ouço ainda os passos dos colegas, suas vozes sussurrando o meu nome. Fico sobressaltado só de imaginar que poderia a qualquer momento ser descoberto em tão seguro esconderijo.

Vão-se embora... levanto-me na ponta dos pés e procuro refúgio atrás de outro barraco.

Quando ficávamos cansados do jogo de esconde-esconde, sentávamo-nos no chão de terra e, à luz das estrelas ou da noite enluarada, contávamos histórias onde nossos heróis eram os bandidos da favela, o time de futebol predileto, a farra dos dias anteriores.

Ainda éramos apenas projetos de gente, embriões de um futuro incerto.

Não havia compromisso com o futuro, porque este estava tão distante que nem valia a pena ser pensado.

Tínhamos nossos próprios medos e pesadelos: o maior deles, a pobreza e a miséria. Não dava para sobreviver com elas: cada um de nós tinha um irmãozinho ou irmãzinha que se fora bem cedo, por nada, talvez: uma febre mal curada, uma ferida gangrenada, uma doença sem nome.

Não queríamos para nós a sobrevivência infinita com a tragédia.

Nossas conversas giravam sempre em torno de nosso crescimento, do que haveríamos de fazer, e terminavam sempre sem uma solução definitiva.

Ir para onde? Ninguém tinha um tostão furado nos bolsos das calças remendadas.

Nossa ambição era tão pequena quanto o mundo que nos cercava: motorista, mecânico, sapateiro e jardineiro eram profissões cobiçadas.

Tarde da noite, ouvíamos os chamados de nossa mãe para entrarmos.

– Isso não é hora de moleque ficar vadiando na rua! Vão pra dentro!

E deixávamos, no barro que pisávamos, os nossos sonhos e esperanças.

Fecho as cortinas do meu quarto vagarosamente. Não há mais crianças correndo e brincando pelas calçadas.

Foi apenas um espasmo, uma ilusão, um brilho que se apagou, lembrando o passado.

Ah, se eu pudesse reter todas essas imagens vivas e perenes dentro do meu peito para resgatá-las a qualquer momento, transpondo os passos do tempo que se foi!

Ah, se o destino tivesse sido mais benigno comigo, deixando-me escolher outros caminhos e dando-me novas oportunidades!...

Que bobagem! Isso é coisa de mulher chorona. Homem de verdade empurra essa fantasia bem longe e encara a vida como gente grande.

Ainda assim, não consigo enxugar uma lágrima solitária que escorre fria e persistente pelo meu rosto.

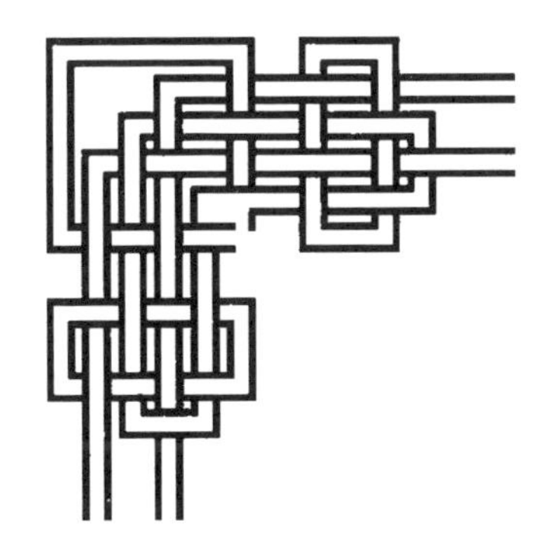

6

Já tenho sob meu controle uma área do centro. Tomo conta de cerca de vinte pessoas, entre 'mulas', passadores e arrecadadores do dinheiro da venda da droga. Dizem que há drogas novas lá fora; nós só trabalhamos com maconha e um pouco de coca.

Para compensar o mês de lucro baixo, exploramos o meretrício. Dá muito trabalho e muita encrenca com a polícia. Detesto quando preciso intervir nesse ramo para pôr a casa em ordem.

Tive que espancar muita mulher, porque escondiam a parte do 'Comando'. É por isso que fujo dessa turma difícil e desordeira.

Há horas que consigo até relaxar a tensão do dia-a-dia perverso e perigoso. É quando nos reunimos no meu apartamento para comemorarmos um aniversário. Nessas horas, esquecemos o que somos e voltamos a ser crianças novamente.

Quem nos visse naqueles momentos nos confundiria com famílias organizadas e felizes. Seguramos as crianças no colo, enquanto abraçamos nossas amigas. Recordamos outros instantes fugazes de nossa vida sem o temor da repressão.

Quantas vezes pensei em constituir uma família como a dos amigos já casados de nosso círculo. Que inveja só de olhar para suas esposas, ignorando muitas vezes a profissão de seus companheiros.

Foram poucos esses momentos de descontração e sossego, mas que valeram uma eternidade de paz e segurança.

Pena que é preciso voltar à realidade e encarar os riscos de nossa atividade criminosa. A cada dia vai se perdendo o pouco de compaixão que ainda se esconde em nosso íntimo.

Não se pode vacilar diante de qualquer erro. O leviano é afastado do grupo e, se abrir o 'bico', desaparece sem vestígios. O traidor não tem qualquer chance: sua morte cruel e dolorosa vai servir de exemplo para outros mal intencionados.

Este é o código do crime: proteção, lealdade e coragem. Isso nos une em qualquer circunstância.

Poupávamos as mulheres e as crianças de tudo: de nossos atos, de nossos acertos de contas, de nossos riscos com a segurança.

Foi nessa época que Dindinho apareceu na minha vida, de repente. Propôs-se a me acompanhar e me dar cobertura sem que eu tivesse pedido.

Acho que mentia quanto à idade, pois não aparentava mais do que treze ou quatorze anos. Magro como um cachorro faminto, tinha os olhos fundos e uma boca sempre sorridente. Deixei-o ficar comigo como se fosse um irmão. Comecei a ensinar-lhe as manhas da profissão, não poupando palavras para se precaver dos perigos que rondavam nossa profissão.

Era inteligente à beça: não precisava repetir-lhe as palavras para guardá-las na primeira vez que as ouvisse. Sua história não era diferente da minha: sua mãe se prostituía e ele se cansou de apanhar do gigolô dela.

Fugiu de casa bem cedo: dormiu nos bancos da Praça da Sé. Vivia de pequenos roubos. Procurou alguém para encaminhá-lo para longe daquela turma de moleques desafortunados. Nem sabia o nome de quem o encaminhara para mim. Comecei a usá-lo como pombo-correio entre as gangues que dominavam o tráfico. Levava recados, trazia informações, recolhia pequenas encomendas.

Apegou-se como ninguém a mim e ao trabalho. Queria a todo custo partir para novas missões de maior importância. Não tive coragem de expô-lo a esse risco.

Um dia, não voltou e eu me assustei, como se um calafrio tivesse percorrido minha espinha. Lembrei-me de que um dia tivera o mesmo amargo pressentimento.

Uma semana depois soube da verdade: fora baleado numa briga de gangues rivais, quando tentava cumprir seu trabalho.

Fiquei durante uma semana ‘zonzo’, acabado, como se parte de mim tivesse sido arrancada.

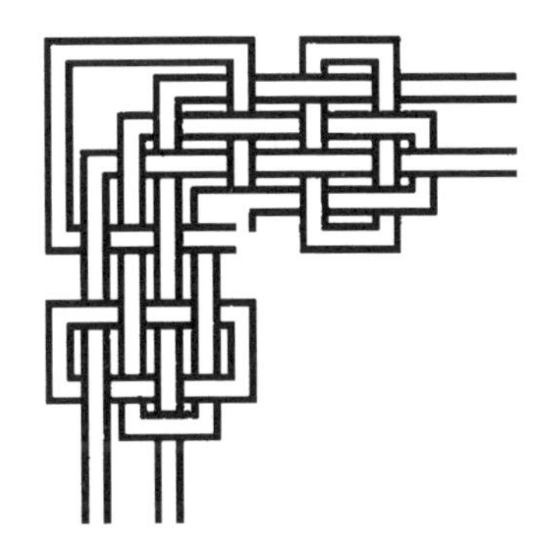

7

Jurei para mim mesmo que nunca mais me apegaria a alguém. A separação é sempre dolorosa e não seria eu a ceder aos impulsos de um sentimentalismo tão barato.

Passou-me pela mente mais de uma vez a imagem sofrida e cansada de meu pai, que eu perdera tão criança.

Inês, minha primeira namorada, tornou-se apenas lembrança de momentos felizes.

E, para agravar, eu deixara acontecer, ou, pior ainda, eu era o único responsável pela morte de Dindinho. Tão novo e eu já começara a demonstrar um coração frio e sem sentimentos.

Para aliviar minha consciência, decidi visitar minha mãe e irmãos que há tanto tempo não via. Não que lhes faltasse alguma coisa. Com o dinheiro do tráfico, eu os tirara da favela e os levara para uma casa de alvenaria junto ao bairro onde morei.

Todo mês, um dos meus mensageiros entregava religiosamente para minha mãe dinheiro suficiente para o aluguel, as despesas da casa e o estudo dos meus irmãos.

Sabia, pela conversa dos mensageiros, que eu era o herói de todos eles. O filho que dera certo na vida! Que ironia, mal podia eu dizer-lhes a que preço vil e perigoso tudo isso tinha acontecido.

Tomei toda a coragem e fui visitá-los numa tarde de domingo. Quando encostei meu 'fusca' em frente à casa, o alvoroço foi geral. Minha mãe se lançou em lágrimas nos meus braços. Perguntou de minha saúde, do meu emprego, das namoradas, de tudo. Os irmãos, em volta, não conseguiam se aproximar de mim.

Levou-me abraçada ao meu pescoço até a sala de jantar, mobiliada com modéstia, mas com muito gosto.

Fez-me sentar a seu lado no sofá e quis matar de uma só vez toda a saudade que invadia seu espírito.

Saciei sua curiosidade e menti para não magoá-la, dizendo que hoje eu tinha um trabalho muito sério numa loja de móveis. Ganhava bem, porque as comissões eram generosas. Já tinha até um apartamento, imagine só!

Meus irmãos me olhavam curiosos e admirados e até pediam para eu também conseguir uma oportunidade para eles.

– Vocês primeiro vão estudar, encontrar uma profissão decente, porque, enquanto eu puder, vou investir em vocês.

Cada um tinha sua história para contar. Ou eram as brincadeiras da escola, ou então os namoros dos mais velhos. Lembravam com saudades das estripulias noturnas em que eu me enfiara antigamente.

Cada gesto, cada lembrança compunha um álbum de recordações que vinham à tona para reviver nosso passado.

– Filho, você vem tão pouco visitar a gente... – repreendia-me carinhosamente minha mãe.

– Você sabe, mãe, que não é tão fácil deslocar-me até aqui. O trabalho ocupa quase todo meu tempo – respondia-lhe.

Acho que ela fingia acreditar nas minhas desculpas para poupar-me o dissabor de tentar desmentir-me, mas com certeza para não estragar aqueles instantes de tanta emoção.

Só dentro de mim, amargurava-me minha própria consciência, por saber que tudo era tão falso da minha parte.

Por eles eu seria capaz de pôr minha vida a perder. O que jamais poderia acontecer era fazê-los voltar à miséria em que tinham vivido.

Seja como for, um encontro daqueles valia por anos de vida e alegria para mim. Eles eram o meu único tesouro neste mundo.

Posava de seu protetor e conselheiro! Jamais deixaria que conhecessem o outro lado amargo e triste de minha vida. Essa eu teria que vivê-la sozinho, sem ninguém ao meu lado.

Que prazer saborear de novo o café adocicado que minha mãe fazia; o seu bolo de fubá cujas migalhas teimavam em se espalhar sobre minhas calças. Essa teria sido, por certo, a vida que eu um dia sonhara. Mas o destino não quis, maldoso, que as coisas acontecessem desse jeito.

Que martírio ter de levantar e me despedir, como se fosse a última vez que os via.

Quem cuidaria deles se eu não estivesse mais ali? Só de pensar nessa hipótese, apertava-me uma dor no coração, que eu procurava disfarçar com um sorriso forçado.

Lembro-me, agora, que já estava sofrendo quando tomava o caminho da cidade, levando comigo um pedaço da minha história.

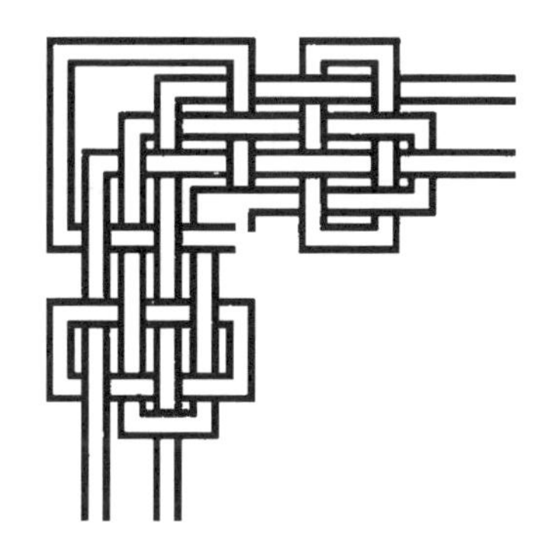

8

Retorno à rotina do meu ofício. Chamar de 'ofício' o meu trabalho é ironia com certeza. A sociedade criou seus próprios princípios para nortear suas atividades. Nós somos párias desta mesma sociedade insensata, insensível e distante dos interesses da população mais pobre.

Às vezes acompanho as opiniões dos entendidos no rádio ou na televisão sobre o submundo do crime. Fora alguns poucos, a opinião é unânime: não há futuro para nós entre os afortunados pela sorte. Muita gente tem pena de nós, mas colocam uma barreira intransponível entre sua família e nós. Cobram do Estado proteção e segurança, desde que estejamos afastados de suas vidas, de seu lazer, de seus interesses. Qual o nosso caminho? Não poderia ter sido outro: unimos nossas divergências e nosso ódio para criar uma sociedade à margem da falsa sociedade dominante. Criamos nossas próprias regras para contrapô-las ao controle armado contra nossas atividades criminosas.

Olho com desdém as medidas paliativas que a classe governante aliada à classe dominante tenta nos oferecer. Fomos para as favelas, para os guetos, para a sarjeta e sobram para nós apenas migalhas de um processo de recuperação e revitalização de nossas vidas, desde as nossas crianças até os mais velhos.

Empurraram-nos acintosamente para a marginalidade sem respeitarem nossas decisões de escolhermos nosso futuro.

Traçaram seus planos de urbanização, passando seus tratores sobre nossos casebres, pouco se importando se tínhamos um teto para agasalhar nossos filhos nos dias de frio e chuva. Os animais tiveram mais chances do que nós. Aqueles que deveriam legislar para a erradicação da miséria entre nós desviaram sem qualquer escrúpulo recursos humanos e financeiros que poderiam amenizar nossa fome de justiça.

As medidas policiais, essas mereceram toda a atenção dos governantes: cada vez mais repressão, mais casas de custódia e cadeias, mais policiais e carcereiros.

Nunca vimos um sentimento de compaixão e respeito por essa multidão de crianças, jovens, mulheres e pais de família que foram obrigados a buscar o mais humilde dos ofícios para sobreviver: apanhadores de ferro velho, papelão, lixo, latinhas de cerveja e refrigerantes e de móveis abandonados, pedintes de esmolas nos cruzamentos, limpadores de pára-brisas, vendedores de ilusão explorados pelos próprios companheiros de infortúnio.

Digam-me qual a opção que nos ofereceram? Como poderíamos, com fome, sem roupas, sem banho, sem qualquer remuneração, chegar a uma escola pública?

Mil vezes a morte, antes que a inanição nos consumisse e aos nossos filhos. Mas essa decisão não era nossa, eles é que traçaram nosso destino. Meu pai já me dizia, em minha infância, que ouvira de meu avô e este de seus ancestrais que a escravidão tinha sido muito melhor que a miséria e a fome em que vivíamos hoje. Naquele tempo, havia pelo menos uma senzala para se abrigar, um capataz menos cruel para propiciar uns momentos de descanso em seu trabalho nas colheitas, um amo mais sensível ao 'patrimônio' humano que adquirira a peso de ouro. E, agora, o que nos ofereciam? Migalhas das latas de lixo dos restaurantes iluminados; sobras das feiras.

Nos carros que circulam pelas cidades, os vidros estão fechados, porque não suportam nosso cheiro, o cheiro de nossas roupas surradas, de nosso corpo suado.

Pergunto e não encontro resposta para descobrir qual a minha sina, qual a razão do meu destino.

Agora sei por que a minha vida não fez parte das estatísticas do governo; não somos cidadãos, somos o lixo de uma sociedade que nos tolera, mas jamais irá nos aceitar.

Tenho certeza de que, no caminho mais difícil que escolhi para pairar acima dessa mediocridade, não chegarei a viver muito tempo. Eu vendo a ilusão de momentos de prazer, oferecendo droga e devassidão para uma plateia que, na sua riqueza e poder, não tem mais nada a conquistar.

Sinto um prazer mórbido, sabendo que irão para o mesmo destino que me está reservado: a morte prematura. Sinto satisfação de devolver, à minha moda, a seus pais e amigos a mesma dor que me acompanha desde tanto tempo.

Se existir outra vida, estaremos juntos de novo: criminosos e drogados dividindo o nosso ódio e quem sabe o mesmo 'nada', absolutamente 'nada'.

Não sei por que este desabafo, se o meu projeto era apenas contar uma história tão popular que nem adjetivos teria para enfeitá-la.

Há de haver algum sentido neste clamor; há de alcançar ainda que seja apenas um, não mais que um, que, com seu poder e sabedoria, irá parar para pensar por um instante fugaz e rápido na vida dessa multidão de famintos de justiça e compreensão.

Quero descobrir, onde estiver, a razão desta incompreensível desigualdade que para cada um de nós tem o estigma da maldade. Está tudo errado e não há como consertar essa insensatez do ser humano que se vinga de sua própria carne e de sua própria gênese, aceitando passivamente esse genocídio entre irmãos.

Hei de achar um dia a resposta para tanta inquietação e sofrimento. Sinto que posso descobri-la, embora não saiba o preço que me vai ser cobrado.

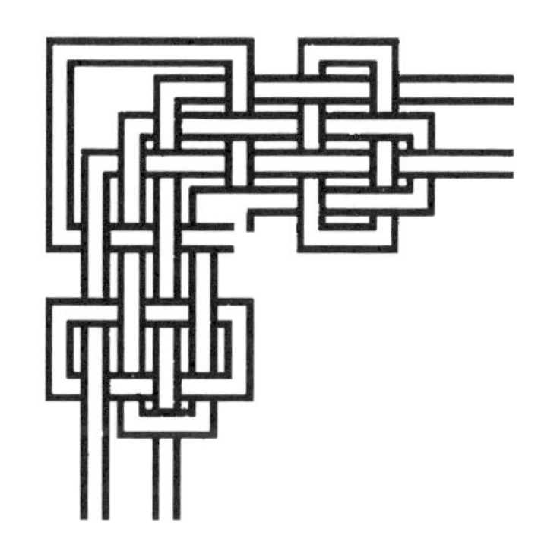

9

O prédio era luxuoso. Ficava perto da avenida Paulista, bem no meio de mansões e outros edifícios elegantes.

Naquela tarde, fui encarregado de fazer pessoalmente a entrega de quatrocentos gramas de coca refinada, escolhida a dedo pela sua pureza. Nunca tinha 'passado' pelas minhas mãos um carregamento tão caro e tão grande.

Um veículo particular, de alto luxo, apanhou-me num lugar previamente combinado no Centro, local de muita movimentação.

Quando chegamos, três guarda-costas me acompanharam até o 12º andar. O *hall* de entrada do escritório era requintado e fino. Havia mármore por todos os lados; os espelhos iam até o teto. Fui levado até uma sala com grandes sofás e uma grande mesa de reunião. Um senhor muito bem trajado, terno e gravata combinando com a camisa de fino linho, cumprimentou-me:

– A mercadoria está com você?

– Sim, senhor.

– Alguém seguiu você até aqui?

– Que eu saiba, não.

Abri a pasta executiva que trazia e coloquei um pacote bem lacrado sobre a mesa. Ele abriu cuidadosamente o centro do pacote e, umedecendo o dedo indicador nos lábios, tocou de leve na droga, levando-a até os lábios.

– Boa, muito boa qualidade! Se continuar assim, ficaremos fregueses. Lembre-se, como advertência, que o último fornecedor quis nos enganar e duvido que alguém possa encontrá-lo depois do sumiço que demos nele. Entendeu, rapaz?

Fiz um 'sim' respeitoso com a cabeça. Agora, eu via pela primeira vez um dos verdadeiros chefões da distribuição da droga no país. Ocupava um cargo muito importante numa companhia multinacional.

Eu já tinha visto, mais de uma vez, fotos suas nas colunas sociais e outros eventos de importância comerciais.

Chamou pelo interfone um assistente, que logo se apresentou com uma valise e, abrindo-a, pediu para eu contar os dólares do pagamento. Tive o cuidado de separar as notas em maços de mil, amarrando-as com elásticos.

– Tudo certo. Posso me retirar? – disse educadamente.

– Por favor, acompanhe o auxiliar. Você merece um coquetel, antes de começar a festa de aniversário da empresa, daqui há pouco.

Ninguém perguntou meu nome, nem eu o deles; essa era a regra do negócio. Acompanhei o assistente, segurando firmemente a valise preciosa até outro andar do edifício. Cruzamos com casais cuja elegância e trato nunca tinha visto na minha vida. Moças desacompanhadas passavam por mim, tagarelando em seus vestidos decotados, espalhando perfumes que me davam a sensação de um jardim suspenso.

Logo entramos numa sala ricamente mobiliada, onde garçons trajados a caráter rodeavam mesas de salgados e drinques. O assistente fez questão de beber um uísque comigo e ofereceram-me uma bandeja de salgados, cuja aparência fazia a água brotar da boca. Agradeci a gentileza, mas não dei mais que um trago leve e pequeno. Sabia, melhor do que ninguém, que a fortuna que carregava não podia ser posta em risco.

– O nosso motorista vai deixá-lo de novo na cidade, onde você poderá tomar um táxi que alugamos.

– Obrigado – sussurrei, com receio de falar um pouco mais alto, para não estragar o ambiente.

– Vocês devem ter muito trabalho por aqui!

– Nem imagina quanto. Somos fornecedores das principais indústrias do país e nossos equipamentos são muito procurados no mundo inteiro.

Sabia que mais não poderia perguntar, porque certamente ele não me responderia. Limitei-me a saborear um petisco que dissolvia na minha boca. Se me perguntassem o gosto, eu não saberia defini-lo, muito menos o nome.

Descemos, eu e os três guarda-costas chamados pelo assistente, até a garagem do edifício.

Outro veículo, tão luxuoso quanto o que me trouxera, esperava-me com o motorista em pé, ao lado da porta traseira aberta. Até a cidade não troquei uma palavra com o condutor, mesmo porque, se o fizesse, sei que não responderia nada.

Como combinado, fui deixado ao lado de um táxi, que logo notei pertencer ao grupo e que me levou de volta ao centro de minhas operações.

Guardo, ainda, a sensação de um mundo de ilusão e sonho que aquela visita me causou. Nós éramos simples formigas nesse cruel mundo das drogas. Eles, os barões, eram os que realmente ditavam todas as regras da nossa vida sórdida e perigosa. Quem acreditaria na palavra de um vagabundo como eu, se, por acaso, eu pudesse contar o que vira e por onde passara?

Cada vez me convenço mais da inutilidade e pequenez que este ofício me proporciona.

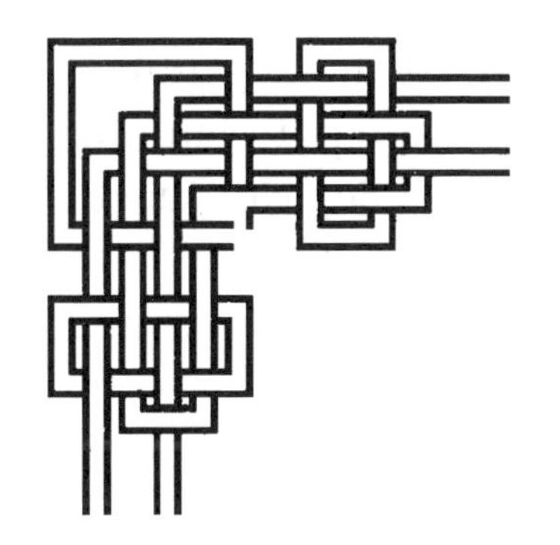

10

Não sei quanto tempo passei, recordando aquela ida ao edifício de luxo dos verdadeiros donos do cartel da droga nesta cidade.

Sonhei que um dia poderia chegar lá. Que ilusão! Na minha ingenuidade, tentava enganar a mim mesmo, imaginando que um pé-rapado da favela pudesse chegar até aquelas alturas de riqueza e de poder.

A razão me fez voltar à realidade. Pedi ao Maninho que me poupasse de uma nova missão como aquela. Mil vezes permanecer na ignorância e pobreza de conhecimento em que vivia, no meio miserável e vulgar dos pequenos traficantes.

A minha competência era tão limitada que eu não poderia nem deveria sonhar com vôos mais altos. Bastavam-me os eternos consumidores habituais da desgraça. Nem escola, nem trato tinha eu para competir com tanto luxo e riqueza.

Andei me metendo em encrencas e quase conheço mais cedo o fim dos 'espertos'! Achei que poderia procurar um novo patrão que me pagasse melhor.

Caí como um patife na cilada que preparei para mim mesmo.

Andei fazendo contatos com gente de outro grupo de traficantes rivais. Fui procurar um dos 'cabeças' que dominava o tráfico no Bexiga. Cinicamente, ele me recebeu de braços abertos, como se fôssemos velhos amigos. Desconfiei de tanta gentileza. Não deu outra. Naquele mesmo dia fui chamado por Maninho.

– Soube que você esteve hoje pelos lados do Bexiga. Qual é a sua, Zeca? Trocar de lado sem o meu conhecimento?

Gelei até a ponta dos pés. Sabia que não podia esconder nada dele.

– Maninho, você me conhece. Eu nunca faria uma cachorrada dessas com você. Estive, sim, com eles, mas o que eu queria era tirar a limpo uma bronca antiga com um dos homens de lá que andou atravessando meu caminho. Ele não perde por esperar.

– Zeca, te cuida, porque, se não for verdade, eu mesmo te acerto.

Ainda bem que a conversa parou por aí. Se o Maninho resolvesse ir fundo, eu estaria perdido.

Quando você entra nessa roda, você não sai tão fácil. Disso eu sabia muito bem. Minha vontade de experimentar novos ares morreu ali mesmo.

Tive que guardar comigo o medo de ser liquidado sem perdão pela minha criancice e ousadia. Nada se esconde no mundo do crime. Se eu quisesse sair dele, teria que mudar para muito longe, adotar outro nome e, quem sabe, nova cara.

Não tinha jeito mais: não há como voltar atrás. Eu sabia demais, era uma fonte de informações viva.

Continuei a trabalhar mais duro ainda para mostrar que tinha valor. Espalhei minha raiva durante dias, por onde passava, sem perdoar qualquer deslize dos meus subordinados. Sofreram nas minhas mãos como nunca tinha acontecido. Eu sabia, pelo olhar assustado de cada um deles, que, nesse estado em que me encontrava, eu era a maldade em pessoa. Descarreguei neles toda minha frustração e raiva. Pouco me importava: ali, naquela hora, era eu ou eles.

As vendas cresceram, despachamos alguns intrusos, queimamos alguns 'arquivos'. Muitos não se contabilizaram neste mundo do crime, são apenas consequências do ofício.

Às vezes, lembrava-me dos primeiros tempos, quando ainda precisava provar a minha coragem e competência.

Senti saudades das horas de prazer nos ombros da Inês. Por onde andaria ela?

A minha curiosidade era encontrá-la, não porque representasse alguma coisa para mim, apenas para satisfazer uma fugaz curiosidade.

Fiz algumas perguntas entre conhecidos e poucos tinham como localizar seu paradeiro. Soube, mais tarde, que fora morar num quarto perto da Estação da Luz.

Melhor teria sido não procurá-la. Eu a vi uma noite, sentada na soleira de um hotel de encontros passageiros, com as mãos segurando sua cabeça.

Chamei-a pelo nome. Ela levantou os olhos escuros, agora um poço de sangue, encarando-me, mas não me reconheceu. Era uma pálida imagem, aos vinte anos, da menina dos meus sonhos. Caíra totalmente no *crack* e tinha enlouquecido. Não sabia mais seu nome. Era um fantasma sem vida, sem destino.

Afastei-me entristecido, porque tudo de bom que eu tocara estava se transformando em espectro amargurado e sem vida.

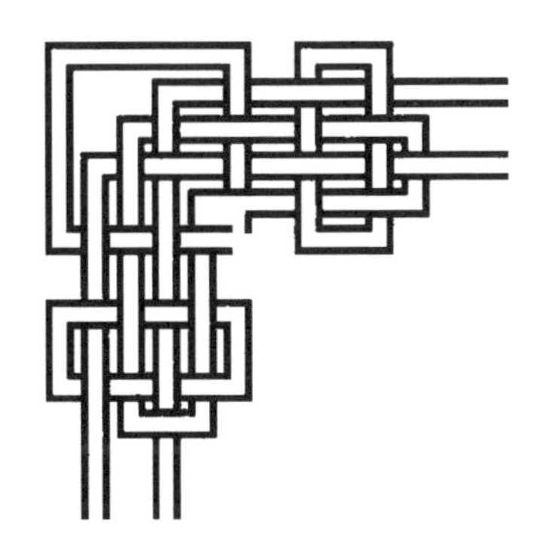

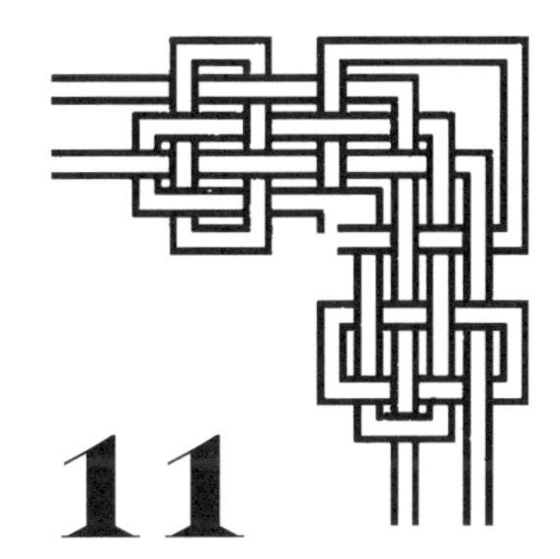

11

Completei meus vinte e um anos sem qualquer emoção ou sentimentos de alegria. Foi uma data como outra qualquer. Há muito tempo, sou um homem mais do que vivido nas trilhas desta vida insana e inconsequente. Sei que não há futuro promissor para mim. E, daí? Vou viver minha vida intensamente. Aproveitar cada minuto de prazer como se fosse o último. Preciso tirar de dentro de mim mesmo o último resquício de força e coragem. Trata-se apenas de pura e simples aceitação de um estado de ser. Minha história no mundo do crime tem ficha extensa nos anais da polícia e no mundo das drogas.

Sinto que, na estatística fria e cruel dos delinquentes, minha sobrevivência longe das grades não será perene, nem terá a duração que imagino. Já estou jurado de morte há muito tempo e, para a justiça, minha folha corrida prevê vida muito curta, sem que eu responda pelos crimes praticados e por aqueles de que me acusam, ainda que sem provas concretas. Atribuem a mim todos os crimes sem autoria ou de autoria desconhecida.

Para quem pensou grande, um dia, é uma dura realidade.

Nesta semana, comandei o estouro de um ponto de drogas que atrapalhava nossos objetivos. Foi uma chacina sangrenta. A polícia encontrou no local cinco mortos, inclusive duas menores, uma delas já grávida de seis meses.

Quando arrombamos a porta dos fundos da casa, dois deles estavam jogando baralho na cozinha, tomando calmamente umas cervejas. Nem tiveram tempo de resistir. Os outros saíram dos quartos para fugir e foram colhidos sem piedade pelas balas. Nem tiveram tempo de saber como e por que estavam sendo assassinados.

Eu nem sabia o nome deles. Foram vítimas de uma denúncia anônima, tão comum no nosso meio.

O exemplo e a mensagem para os outros ficou marcada pela cena cruel e estúpida de cinco vidas ceifadas sem piedade, uma poça de sangue que escorria pelo chão lentamente.

Agora o meu ofício era manter intactas as bases de distribuição da droga, sem permitir a intromissão de quem quer que aparecesse.

Novas gangues iam se formando; muitas delas, sem qualquer organização. Traficavam pelo prazer de fazê-lo; por qualquer dinheiro. A continuar desse jeito, nós teríamos vida curta se não parássemos a tempo com essa malandragem barata e gratuita.

Foi desse modo que começamos sistematicamente a selar o destino desses criminosos de ocasião; um após outro, começaram a cair sob o fogo de nossas armas. Afinal, era a nossa sobrevivência ou a deles.

Perdi a conta dos que tombaram sob a mira de meu '38'. Não me culpava por tal atitude, nem podia me lastimar por tamanha violência. Apenas cumpria o meu dever.

Fiquei amolado algumas vezes, quando, em nossas incursões, baleávamos crianças e mulheres que sabíamos apenas estar com nossos inimigos na hora errada.

Não poderia ter sido diferente: a coisa foi longe demais. A polícia pôs na rua o grupo mais temido de sua corporação: a Rota. A guerra estava declarada, era apenas questão de tempo.

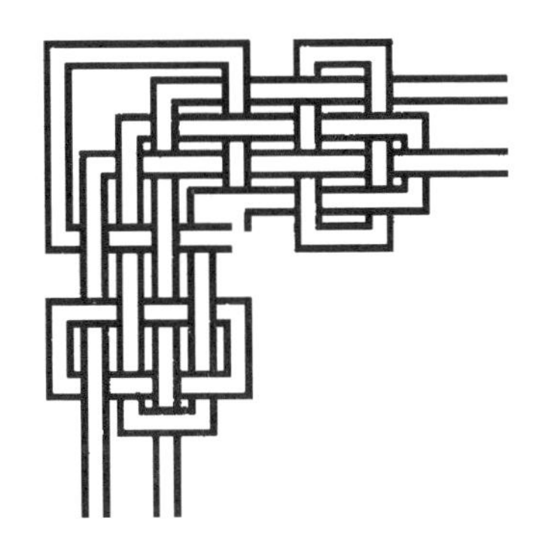
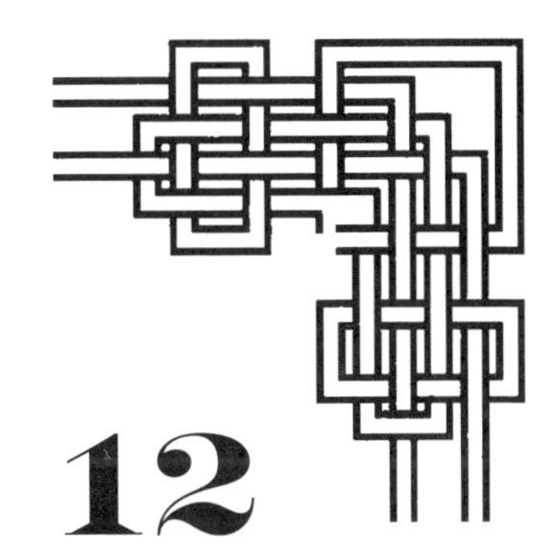

12

A reunião do comando durou até tarde da noite. Todas as diferenças foram postas na mesa para evitar que a gangue responsável pela distribuição da droga na nossa região se dissolvesse. Quando os chefes se reuniram, esqueceram-se as mágoas, os atritos e as queixas rolavam sem enfeites: cada um punha para fora toda a 'bronca' sem medo de represálias.

Também não poderia ter sido diferente. Vinha negócio grande pela frente e a união do grupo era indispensável para o sucesso da missão.

Ficamos sabendo que o carregamento era bem grande. Todo o cuidado era pouco. Era preciso organizar com detalhes a entrega da 'muamba'.

Dessa vez, íamos tomar a dianteira no volume entregue de uma só vez na cidade. Não podia dar errado. Um passo desses não se repete duas vezes.

A mim coube encontrar o responsável pela entrega, na divisa com Mato Grosso, e acompanhá-lo até a capital para ter a certeza de que a 'muamba' chegaria intacta e completa. Chamei mais dois colegas de minha confiança para me acompanhar na viagem. Iríamos até o local do encontro para escoltar uma caminhonete, que traria escondida, na caçamba, mais de cem quilos da droga. Chegamos dois dias antes ao local e procuramos passar despercebidos, como se fôssemos representantes de uma firma atacadista de alimentos, recém-montada no estado.

No dia combinado, fizemos contato num posto de gasolina à beira da estrada. O motorista nos garantiu que não sofrera qualquer revista pelo caminho. Até aquela cidade, tudo estava sob controle.

Naquela mesma noite partimos para a capital, caminhando a uma distância segura atrás da caminhonete.

Quando estávamos a cem quilômetros de São Paulo, fomos jantar tranquilamente num restaurante de estrada; numa mesa, eu e meus colegas; e em outra mais afastada, o motorista da caminhonete.

De noite é sempre mais seguro viajar com essa carga perigosa; a fiscalização é fraca.

Quando tomamos a estrada para o último trecho até São Paulo, não tínhamos andado quarenta quilômetros, quando um cerco policial interceptou a caminhonete.

Isso não estava no programa. Fingimos ser um veículo qualquer e tentamos passar sem sermos reconhecidos pelo cerco policial. Para minha surpresa, toda a equipe de narcóticos da polícia estava entre os policiais militares do cerco.

Fui reconhecido imediatamente pelo delegado que comandava a operação: eu era um velho freguês da polícia.

Saí de lá algemado num camburão sujo e antigo. Jogaram-me como um monte de lixo para dentro, sem qualquer consideração. Eu era um preso de luxo naquele momento. Há quanto tempo estavam esperando por essa hora. Sabia, naquele instante, que o meu destino estava selado: era o começo do fim de minha carreira de bandido.

Só chegamos de manhã em São Paulo. Fui jogado em uma cela da Divisão de Narcóticos. Até aquele momento, ninguém dissera uma palavra; nem era preciso. Os dois lados – eu e a polícia – sabíamos exatamente o que aconteceria.

Dois dias depois, fui apresentado à imprensa como o traficante mais procurado da capital. Eles sabiam da minha história; até os crimes que nunca praticara estavam na minha 'folha-corrida'.

O depoimento já estava pronto: era só eu assinar ou apanhar. A escolha era minha.

Dali mesmo fui para a cadeia, pois já havia um mandado de prisão expedido contra mim há tempos.

Quando pude falar com os advogados, as notícias que me deram não eram lá tão agradáveis. Pouco podiam fazer. Fui preso em flagrante, portando (o que era pura mentira) vinte quilos de droga no meu carro.

Ali começava o meu calvário. Fiquei aguardando quase seis meses o meu julgamento.

O meu nome já tinha saído há muito do noticiário policial. Por isso, ninguém se importou quando fui condenado a doze anos de prisão. Meu novo lar seria o Carandiru!

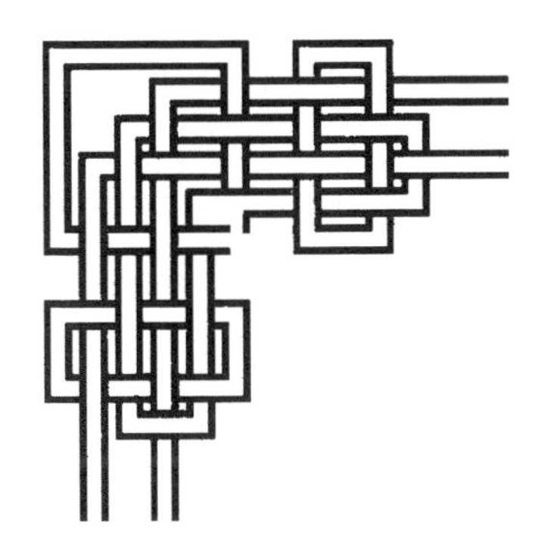
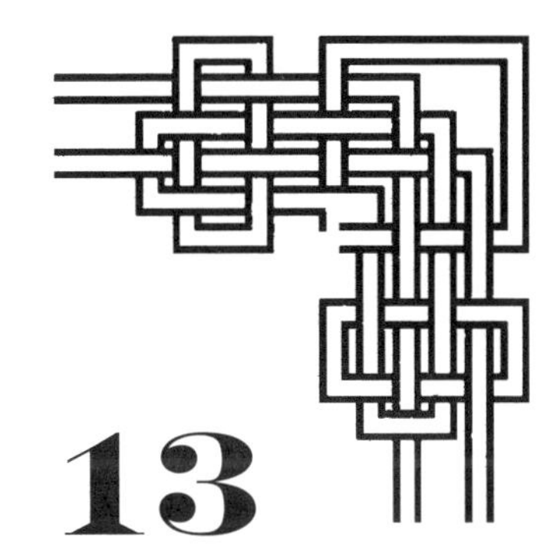

13

Até meu julgamento, fiquei confinado numa delegacia com outros traficantes. Alguns eu já conhecia por força das circunstâncias. Éramos parceiros do mesmo crime: tráfico de drogas. A lei era impiedosa conosco. Tratavam-nos pior do que os estupradores.

Nesse meio tempo, a cúpula do tráfico já tinha designado um advogado para acompanhar meu caso. Numa das visitas, ele procurou me acalmar, adiantando que boa parte da minha 'ficha-corrida' era pura invencionice da polícia, muito mais interessada em se livrar dos casos sem solução, do que realmente em me condenar.

– Isto não quer dizer que você será absolvido. Eles têm muita coisa contra você, com provas bem montadas. É sobre elas que vamos trabalhar para diminuir sua pena!

Eu ficava olhando para o advogado sem qualquer reação facial. Não precisava dizer-lhe como fazer. Apenas tinha a certeza de que era carta fora do baralho! Alguém já assumira meu posto: o crime não pode esperar tanto tempo!

Que ilusão a minha: imaginar que eu era tão importante.

Para me distrair, ficava ouvindo as histórias dos outros colegas de infortúnio. Elas tinham uma coincidência melancólica: todos estavam nessa vida por pura opção. Ganhava-se muito, arriscando-se mais! Nossa vontade era que nossa prisão não chegasse ao conhecimento de nossa família. Havia algum pudor irônico em esconder a verdade dos nossos familiares. Outra hora, talvez, alguém levaria a notícia até nossos parentes, mas quando não causasse mais tristeza ou espanto.

Fiquei até penalizado com um dos presos de minha idade que se lamentava de ter começado a juntar uns 'trocados' para aliviar a miséria da família, quando caiu na malha policial.

Tentei consolá-lo, dizendo que sua pena seria bem pequena se comparada à minha. De nada adiantou, porque sabia que seus parentes não tinham como sobreviver sem sua ajuda.

À noite, muitas vezes, punha-me a reconstituir a estupidez de minha prisão: sem tiros, sem violência, sem qualquer aviso. Tudo cheirava a uma cilada muito bem planejada.

Fiz e refiz durante noites e noites meus pensamentos, procurando organizá-los para descobrir quem poderia ter tramado essa 'bronca'. Selecionei um a um os integrantes de meu grupo, separando os confiáveis dos suspeitos.

Pensei no comando, rememorando cada dia que antecedera minha queda, para ter a certeza de que não cometera nenhum engano fatal. Nada infelizmente fazia-me chegar a uma conclusão. Faltava um elo, um fato, uma peça no quebra-cabeça que havia montado.

Por um acaso, descobri o fio da meada. Maninho não perdoara minha visita à quadrilha rival. Aquilo ficou remoendo na sua cabeça como um fogo que não se apaga.

Silenciosamente, sem meu conhecimento, pusera um informante junto com meus homens. Nem desconfiei, pois ele se portava como o mais ousado do grupo, não medindo riscos para me agradar. Ele encheu a cabeça do Maninho de mentiras; não havia outra explicação, o que só confirmou o seu interesse em me derrubar.

Quando perguntei ao advogado, em uma de suas visitas, quem ficara no meu lugar, não deu outra:

– Foi o Mindinho. Aprendeu muito com você e está tentando manter o grupo unido, usando seu nome, Zeca, como exemplo.

O sangue subiu ao meu rosto, tamanha era minha vontade de vingança naquele instante. Fingi satisfação com a notícia e pedi ao advogado que levasse até ele meus votos de bons negócios para continuidade do trabalho.

Guardei a imagem do rosto daquele traidor para nunca esquecê-la. A gente sempre se encontra, não era essa a velha conversa?

Comecei a ficar preocupado com a aproximação da data de minha ida ao foro. Procurei me preparar para responder da melhor forma às perguntas do juiz, para não piorar mais ainda minha situação.

Fiz mentalmente um roteiro das perguntas e das respostas, treinei arrependimento e expressões de desespero para influenciar a decisão do juiz.

Tudo é um jogo, depende de como você arma sua estratégia. Um vagabundo como eu tem que se dobrar na frente do juiz, como um pária da sociedade, vítima da sua formação e pobreza.

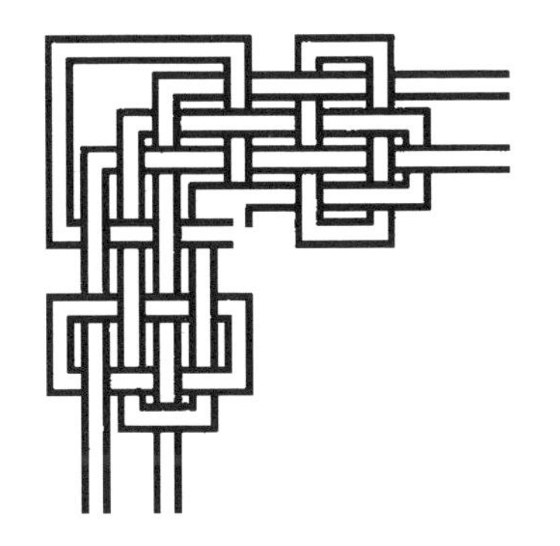

14

Fui condenado. O julgamento foi longo e cansativo. As testemunhas que depuseram contra mim, muitas delas eu nem as conhecia. O promotor foi implacável. Apresentou-me com os piores defeitos que um ser humano pode ter. Impiedoso, cruel, calculista eram adjetivos que saíam de sua boca sem parar. Apontou as famílias que eu teria destruído, o mal que tinha espalhado pela cidade, as dezenas de jovens que tinham buscado na droga o fim de suas vidas. Permaneci calado e impassível. O que eu poderia dizer diante do júri?

Eu estava ali sozinho, culpado pelo tráfico, culpado pela morte de outros traficantes. Acho que até tive sorte, porque na minha lida não se deixam rastros, apenas indícios e suspeitas. Lá mesmo, do foro, fui levado direto para o Carandiru.

A recepção foi fria e tenebrosa. Deram-me uma única muda de roupa. Passei pela entrevista médica e psicológica, onde lançaram, numa ficha, os meus antecedentes criminais, as minhas condições físicas, o meu estado geral.

Segui direto para o pavilhão onde recolhiam os presos novos, até que se definisse minha parada final.

Passei os primeiros cinco dias isolado numa cela, sem contato com os demais presos. Não vi a luz do Sol durante esse tempo. Tive muito tempo para refletir na minha situação. Teria valido a pena esses anos de violência e crime? Será que o preço a pagar era tão alto?

Ainda não tinha condição de avaliar com calma, o que fora feito dos meus últimos anos vividos à sombra da lei. Não consegui pesar os prós e os contras. Mal chegara a vivê-los. Aliás, foram tão poucos os momentos de paz e sossego, que seria praticamente impossível dizer se foram bons ou não. Poderia ter sido diferente? Não achei resposta.

Quando a noite caía, havia apenas uma pequena luminosidade na cela, das lâmpadas fracas dos corredores intermináveis.

Ouvi alguém perguntar meu nome, mas não tive coragem de responder. Não tinha a mínima ideia de quem estava nas celas mais próximas. Ouvia trechos de conversas, restos de confidências que nenhum sentido tinham para mim.

Descobri, naquelas noites mal dormidas, que as companhias ao meu lado tinham um passado igual ou pior que o meu. Descobri logo que estupradores tinham vida muito curta naquele presídio. Soube que um se suicidara com o cordão que lhe servia de cinto, amarrado às grades da janela da cela. Vi o seu cadáver passar, sendo carregado pelos carcereiros, sempre irritados com serviço extra como aquele.

Outro preso chorava a noite toda, chamando pelo nome da mulher que estrangulara num acesso incontido de ciúme. Pedia perdão, como se ela ainda estivesse viva ao seu lado. Dava pena vê-lo se arruinar de tristeza, amargando o remorso que corroía seu íntimo.

Ladrões de banco trocavam ideias de fuga entre si, antes mesmo de iniciar o cumprimento da pena. Não tinham a menor comoção. Demonstravam uma frieza de assustar qualquer um.

Ficava, às vezes, tentando ouvir alguma conversa que revelasse um colega de tráfico. Se algum deles estava por lá, não consegui localizá-lo. Havia, contudo, um sentimento comum entre todos: a solidão, que desagrega qualquer ser humano. Todos nascemos para viver em sociedade, não importa se ela é um reduto de delinquentes.

Para me distrair, comecei a arquitetar um plano para o dia em que saísse daquele inferno. Procuraria um por um os que me traíram e faria, sem piedade, a minha própria justiça.

O tempo seria curto se eu soubesse utilizar cada minuto, sempre à espreita da minha vingança.

Quando me retiraram, na semana seguinte, da escuridão de minha cela, não conseguia abrir direito meus olhos. A claridade do dia me cegou por alguns momentos.

Ficamos todos em fila no pátio, ouvindo a leitura que um dos carcereiros nos fazia não só para nos iniciar nas regras de disciplina do prédio, como dos horários a serem observados.

Recebi um número que me acompanharia durante minha estada naqueles corredores escuros e malcheirosos.

Fui dirigido para o pavilhão, onde recolhiam os condenados por tráfico, homicidas e assaltantes perigosos. Naquele momento, senti uma onda de frio atravessar a minha espinha.

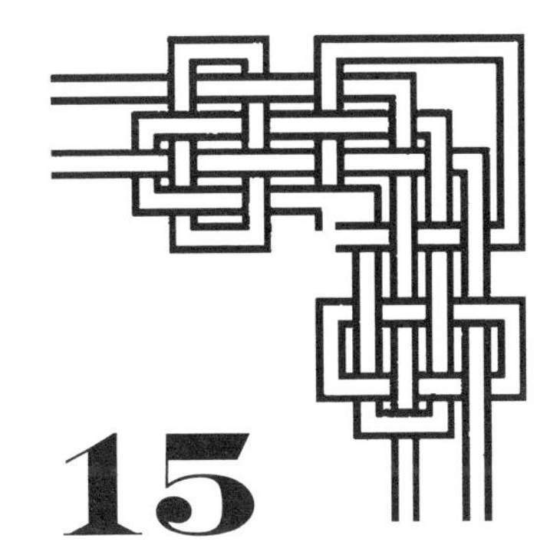

15

Se existe um inferno, ele está aqui dentro desse pavilhão. Cada dia é um exercício de sobrevivência. Se você acorda pela manhã e não tem qualquer certeza de ver a luz da noite. Descobre rapidamente que os códigos de sobrevida são infinitamente piores e mais rígidos que os do mundo do crime.

Há uma disciplina interna entre os presos muito mais cruel que a de qualquer outro regime. Você não é nada quando ingressa nesse meio. Talvez 'nada' seja um atributo muito pobre para entender o que é ser 'nada'. Você não tem direito a dividir o sol, o cigarro, o cobertor, a comida com ninguém. Depende do líder do pavilhão você permanecer vivo. Você vai dividir, ou melhor, entregar tudo que é seu para ele. Ele decidirá, se assim quiser, o que pode permanecer com você. Paga-se pedágio pelo sol que atravessa as grades de sua cela, pelo colchão fedorento de seu catre, pela hora que precisa fazer suas necessidades físicas, pelo pedaço de espelho para fazer sua barba.

A experiência do crime e do tráfico serviu de apoio para esses dias de crises de solidão.

É preciso licença para trocar algumas palavras com outro detento. Sem amigos, sem parceiros, a vida vai se tornando um desespero e você começa a procurar um estilete para pôr fim a sua vida.

Durante meses não recebi qualquer visita, carta ou bilhete. Se eu tivesse morrido, não teria sentido qualquer diferença.

Nos dias de visita, ficava sozinho na minha cela, quando não era retirado à força para deixar entrar outro detento com direito à visita íntima.

Ninguém avisara minha família do meu destino. Talvez melhor assim, dizia para mim mesmo.

Perdi alguns quilos nesse regime diário de solidão. Quase não me reconhecia como gente.

Num dos recreios, no pátio do pavilhão, um detento me procurou para avisar que o Polenta queria falar comigo.

Fiquei amedrontado, porque ele era o homem mais temido naquelas paragens. Acompanhei calado o mediador e parei, com todo respeito, frente ao líder do grupo.

– Como é seu nome, companheiro?

– Zeca – respondi, sem levantar os olhos.

– Tenho observado você faz tempo. Já li sua ficha. Conheço cada minuto de seu passado. Amanhã você começa a trabalhar para mim.

– O que devo fazer, chefe? – perguntei polidamente.

– Não se preocupe. Você receberá as ordens amanhã mesmo. O resto deixe comigo. Aqui ninguém vive sem minha ordem.

Pedi licença para retirar-me e saí acompanhado por outros três ou quatro detentos, que me cumprimentaram e passaram a especular sobre minha vida.

Naquela tarde, comecei a respirar mais aliviado, porque eu fora aceito no grupo fechado dos donos da prisão.

Quando voltei para a cela, lá estava de volta o meu colchão, o cobertor e até o espelho. Ninguém colocaria a mão em mim, nem mesmo o carcereiro, sem ordem do chefe.

Dormi com a sensação de que me devolveram a vontade de viver.

No outro dia, eu comecei a conhecer os demais integrantes do grupo do Polenta. Dava para ver que dominavam o pavilhão.

Reservaram-me um serviço menos pesado: empurrar um carrinho com as roupas de cama para a lavanderia. Ouvi gozações à minha volta, menos como provocações e muito mais como forma de anunciar meu ingresso no grupo dos selecionados. Passei o dia na lavanderia em serviço até agradável.

Conheci de perto as vantagens de ser um dos membros protegidos. Os carcereiros não fizeram chacota nem me irritaram com suas ordens desencontradas e provocativas.

De tarde, no banho de sol, convidaram-me para dar meu nome para o time de futebol, esporte favorito do comando.

– Você não tem namorada? – perguntou-me um dos colegas. Fiz que não com a cabeça.

– Domingo vamos arranjar uma menina para você.

Dei com os ombros, aceitando a oferta como uma piada de mau gosto.

A coisa mudara de repente. Eu estava no meio de vários detentos que me tratavam como se sempre tivessem me conhecido. Queriam saber do meu passado e garganteavam suas proezas na senda do crime. Contei alguma coisa do meu ofício, sem mencionar nomes e lugares. Ainda assim, conseguiram tirar de mim o número de 'presuntos' que deixei do lado de fora. Ninguém duvidou de mim naquele instante.

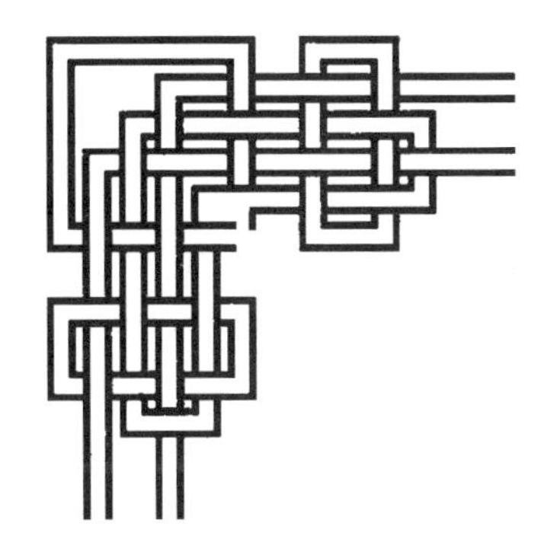

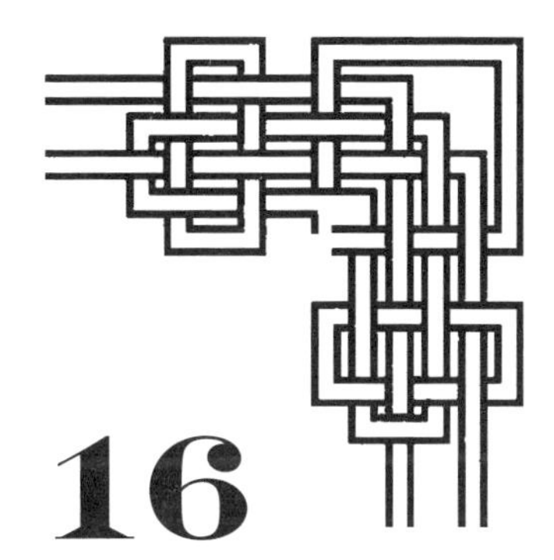

16

Foi num domingo igual a muitos outros que conheci Helena. Eu estava quieto e sossegado no pátio, esperando que o horário reservado às famílias de presos terminasse, para voltar a minha cela, quando fui abordado por um colega.

– Tem uma pessoa te esperando lá no fundo do pátio.

– Quem é? – perguntei sem qualquer curiosidade.

– É uma moça que o chefe mandou te apresentar – disse e sumiu como tinha chegado.

Ela estava sentada num banco, olhando para o chão, com os cabelos pretos e compridos a cobrir-lhe o rosto.

Vestia-se modestamente: uma blusa colorida e uma saia escura, com os pés enfiados em sandálias. Nem levantou a cabeça, quando cheguei perto de onde estava.

– Oi, como vai? – foi o que consegui dizer, quando me postei à sua frente. – Posso me sentar aqui ao seu lado?

Um sinal afirmativo da cabeça confirmou sua resposta.

– Desculpe-me, mas me pediram para falar com você. Nem sei por onde começar. Será que posso saber o seu nome? – falei, tentando ser educado e gentil ao mesmo tempo.

– Pode sim, se quiser – respondeu quase que em tom de lamúria.

– Por acaso você está chorando? Será que eu fiz alguma coisa errada? Seja franca, por favor – disse em tom conciliador.

Ela soluçava baixinho e aquilo começou a me incomodar muito. Afinal de contas haviam me encaminhado para um encontro cordial, e não para um funeral.

– Eu ficaria mais contente se você parasse de soluçar e me dissesse o que está acontecendo. Não tenho a mínima ideia do que eu possa ter feito a você ou o que andaram lhe fazendo – falei com a maior seriedade, procurando demonstrar interesse pelo que estava acontecendo.

Tive de esperar alguns minutos até que ela levantasse a cabeça, empurrasse os cabelos para trás e passasse as mãos sobre os olhos embaçados de lágrimas.

– Por favor, me perdoe por tudo isto. Se eu não falar com você, eles darão uma surra no meu pai.

– Agora é que estou entendendo menos ainda, mocinha. Dá para você explicar melhor?

– Meu pai está pagando uma dívida muito grande para o seu chefe e o preço fui eu – disse ela, entre um e outro soluço.

– Que história é essa, menina? Que negócio é esse de pagar dívida mandando você vir falar comigo? Não pedi coisa alguma para ninguém – disse, deixando aflorar minha irritação por aquela situação tão incômoda.

– Já vou saindo, moça. Não vou me meter em briga de marmanjo, nem quero complicação pra cima de mim.

– Pelo amor de Deus, não faça isso – implorou quase num gemido. – Fique comigo, fale comigo, faça qualquer coisa ao menos para fingir que estou cumprindo minha parte no acordo.

Foi nesse instante que eu vi, dentro dos seus olhos, as pupilas negras da Inês, o mesmo rosto bem delineado, os mesmos lábios carnudos, o mesmo semblante da mulher que um dia tocara meu coração.

Foi um olhar fugaz, mas suficiente para devolver ao meu coração uma palpitação mais intensa, uma saudade que eu pensava estar há muito tempo enterrada.

“Só me faltava essa!” – pensei lá por dentro de mim. “Que enrosco!”

– Tudo bem – disse perto de seus ouvidos. – Finja como quiser, mas não me ponha nessa encrenca!

Ela começou, então, a me contar a estupidez da vida que levava.

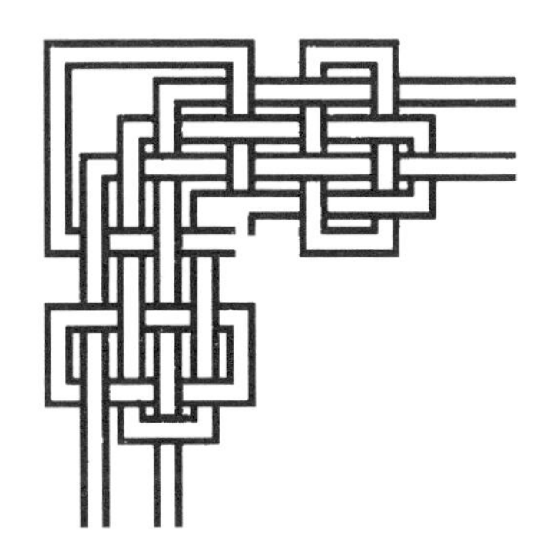
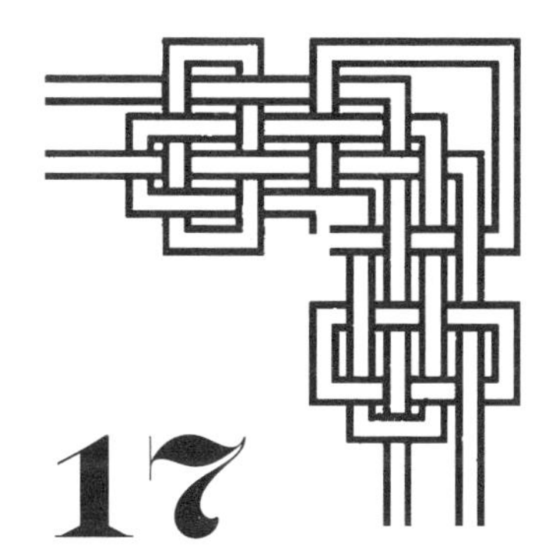

17

Foi nesse encontro inesperado, numa tarde de domingo quente, que começou a florescer, no pátio de uma prisão, a grande paixão de minha vida.

Enxuguei aquele rosto banhado pelas lágrimas e permaneci calado e pensativo ao seu lado.

Não há como descrever as sensações e os sentimentos de um homem que, de repente, se vê em frente da pessoa que irá mudar para sempre sua vida.

Não perguntei nada sobre seu passado: se já amara alguém, se algum dia tinha entregue seu coração. Apenas fiquei fitando aquele semblante triste que emoldurava seu corpo franzino de moça simples.

Pedi apenas que me ouvisse, não queria respostas agora. Mais tarde, quem sabe! Fui sincero como nunca antes havia sido.

Escute-me, menina. Não pedi nem faço parte do pagamento da dívida de seu pai com o chefe. Hoje, não temos nada a falar, mesmo porque você não teria coragem de me ouvir. Como você, sou parte de uma engrenagem maldita que comanda este pavilhão.

Sem que eu pedisse, ela começou a narrar-me as suas desventuras. E isso era a última coisa que eu queria ouvir, como se já não bastassem os meus problemas. Assim mesmo, pus-me a escutá-la, fingindo interessar-me pelo seu drama.

O pai era um marginal desqualificado que assaltara e matara a vontade. A mulher vivia apanhando e os filhos passavam privação, porque o que ganhava com o crime era gasto em mulheres, jogo e droga.

Ela era a filha mais velha de mais três irmãos menores. Trabalhava numa tecelagem e era o sustento da casa.

Helena, acho que foi esse o nome que balbuciou entre uma e outra recordação.

O chefe do pavilhão mandara um recado para seu pai. Um recado muito claro: "Traga sua filha no domingo próximo, e avise para ela que vou apresentar um amigo meu para conhecê-la. Nada de gracinhas, porque, caso contrário, eu te acerto na primeira."

Olhei para o céu entre os muros do pavilhão, nem sei por quê. Talvez para achar uma explicação para tão sórdida negociação às minhas custas. Agora eu também tinha uma dívida e não tinha a mínima noção de como pagá-la.

– Não precisa acreditar em mim, mas lhe prometo que não tocarei em um fio de seus cabelos. Se este for o preço para salvar a vida de seu pai, eu fingirei, diante de todos, que há algo mais em nossa relação. Venha me ver quando quiser. Estarei a sua espera como se fosse um amante ciumento e saudoso. É só o que posso fazer por você. Não espere muita coisa mais. Agora, dê-me a mão, olhe para mim e faça de conta que eu sou o homem dos seus sonhos.

Ela olhou estupefata e descrente para mim: não podia acreditar que isso estivesse acontecendo. O pavor que a fazia tremer quando me aproximara havia sumido.

Será que se pode pensar em esperança e compreensão entre bandidos? Aliás, isso é que eu representava naquele momento para seu coração acostumado aos dissabores e desditas da vida.

– Por favor, não brinque comigo desse jeito. Eu seria a próxima vítima, depois da morte do meu pai.

– Você ainda não me conhece. Há honra também entre bandidos. Não estou blefando com sua incerteza quanto às minhas intenções. Fique tranquila, tudo vai dar certo. Eu prometo.

Selava eu, nesse instante, o primeiro ato decente de toda minha existência.

Abracei-a com respeito e carinho e encostei seu rosto nos meus ombros, como se pudesse, com esse gesto, ampará-la e protegê-la daquele covil de assassinos.

Acompanhei-a até a passagem que dava acesso à sala de espera das visitas e me afastei sem olhar para trás. Não queria ser traído pela emoção que tomou conta de mim.

Durante aquela semana, fui chamado à cela do chefe, que cinicamente me perguntou se o presente era do meu gosto. Simulei espanto pela pergunta e disse que nunca levara jeito com as meninas.

Ele deu uma gargalhada de zombaria e falou sem o menor respeito que, se eu não tivesse gostado da sua escolha, dava para arrumar outro presente.

– Eu vou me acostumar, chefe. Não se preocupe com isso. Deixe como está.

Despediu-me com seu riso safado, não sem antes colocar dois maços de cigarros no meu bolso.

Os dias não queriam passar. Meu pensamento estava em Helena, como se fora ela a tábua de salvação da minha desgraça. Agarrei-me a sua lembrança para tornar menos cruel o cotidiano das brigas, dos acertos de contas, dos assassinatos dos desafetos cujos nomes nunca estiveram nas páginas dos jornais, até porque essas notícias nem sempre chegavam ao conhecimento do público.

Como demorava a chegar o domingo seguinte. Será que eu não acabara assustando Helena? Será que ela teria a coragem de me ver de novo? Um joão-ninguém da vida a quem fora dada como troféu de um acerto de contas?

Como eu me comportaria em nosso reencontro? Que palavras diria, que gestos faria? Foi a mais longa semana da minha vida.

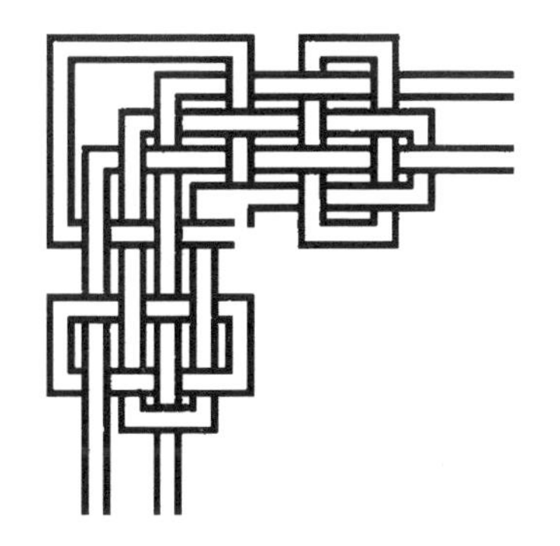

18

No domingo à tarde, estava aflito no pátio olhando para o portão de entrada das visitas, ansioso para ver Helena entrar. Achei que ela não viria e senti uma angústia percorrer meu corpo como se fosse um punhal dilacerando minha carne.

Não me contive quando a vi no meio dos visitantes, seu passo tímido, seu olhar procurando por mim. Foi preciso muito sangue frio para não revelar a felicidade daquele momento. Chamei-a pelo nome e ela voltou-se sorridente para onde imaginava o meu grito tivesse ecoado.

Segurei firmemente na sua mão gelada e levei-a até um dos bancos do pátio, retirado dos outros visitantes.

– Que bom ver você de novo! – suspirei.

– Para mim também! – respondeu-me sorridente.

Preocupei-me com a gelidez de suas mãos e perguntei o que a preocupava.

– Não é nada. É o medo de que você não me quisesse mais!

– Boba! Esquece isso. Eu também temi que você não aparecesse.

Pedi licença para passar um braço atrás de seu pescoço e fiquei acariciando seus cabelos longos, sonhando como guardar para sempre aquele instante fugaz, em que a emoção invadia meu peito, fazendo-me sofrer de paixão.

Não queria perdê-la, e este era meu único desejo.

"Tomara que a sorte desta vez não me pregue uma cilada, tirando-me o único instante de paz que me resta neste cárcere" – pensei comigo mesmo. Pedi a ela que me contasse o que fizera naquela semana, onde fora, com quem falara, o que de mais interessante lhe tinha acontecido.

Deixei-a à vontade, sem medo de me contar a verdade do seu dia-a-dia. Nunca a vira tão feliz; o sorriso a emoldurar aquela face de anjo de bem, seus cabelos esvoaçando ao vento.

Não quis interrompê-la nos seus devaneios, incitando-a a planejar o futuro como se fôssemos dois pássaros livres.

Eu jamais poderia ter imaginado que, num ambiente tão sombrio como o das grandes paredes cinzentas de um pátio de prisão, pudesse florescer uma paixão tão linda.

Houve momentos em que as lágrimas chegaram a brotar de meus olhos, por não poder suportar a lembrança de um passado que me negara até aquele dia a descoberta do amor sincero e puro.

Amaldiçoei a vida estúpida que escolhera, mas que ao mesmo tempo fora a oportunidade de poder encontrar uma alma gêmea que mexera com os meus sentimentos.

Naquela tarde, prometi a mim mesmo que, se me fosse permitido voltar para o mundo lá fora, eu correria qualquer risco para viver decentemente ao lado da mulher que escolhera para minha companheira.

Pouco pude contar da minha vida anterior. Não quis magoá-la com a história do meu passado de crime, luxúria e crueldade.

Dourei como pude minhas experiências insanas e tentei passar-lhe a imagem de um moço que fora tragado pelas circunstâncias da vida da qual não pudera escapar por causa da própria inexperiência.

Preferi explorar os bons tempos de criança e juventude na favela; a lembrança das minhas molecagens fazia com que seu sorriso ficasse mais lindo. Pintei de cor-de-rosa a minha infância de fome e frio para não dividir com ela tão tristes recordações.

Como seria bom se o tempo pudesse parar naquele momento, congelando a imagem de um par de jovens românticos e sonhadores. Fiquei mais alegre ainda, quando percebi que a cor voltara a sua face e o calor aquecera suas mãos. Essa era a Helena que eu sonhava para mim!

Não vimos o tempo passar naquela tarde e, quando soou a sirene avisando que o horário das visitas acabara, senti vontade de gritar para que desligassem aquele som maldito.

Não quis vê-la se afastando. Pedi que me desculpasse a falta de educação, mas eu não queria guardar sua imagem se despedindo; queria apenas lembrar a sensação de carinho das nossas faces se encontrando num beijo final.

Ah... se eu pudesse fazer reviver para sempre aquelas horas tão felizes!

Se Deus existe, fora Ele que me proporcionara, na escuridão daqueles corredores da prisão, a sensação de que uma luz se acendera dentro de mim para iluminar o meu futuro.

"Imaginem se Ele perderia tempo com um estúpido criminoso!" – pensei lá comigo.

E dediquei ao meu destino a alegria daquelas horas. Deus só existe e apoia os homens de sorte, os inteligentes, os ricos. Para nós, indigentes da vida, sobram os restos de felicidade dos mais aquinhoados. Sempre fora assim, na história do mundo. Por que agora seria diferente?

Provavelmente há de haver um céu para os ricos e outro para os pobres. Se aqui na Terra não se misturam, imagine só como deve ser lá do outro lado!

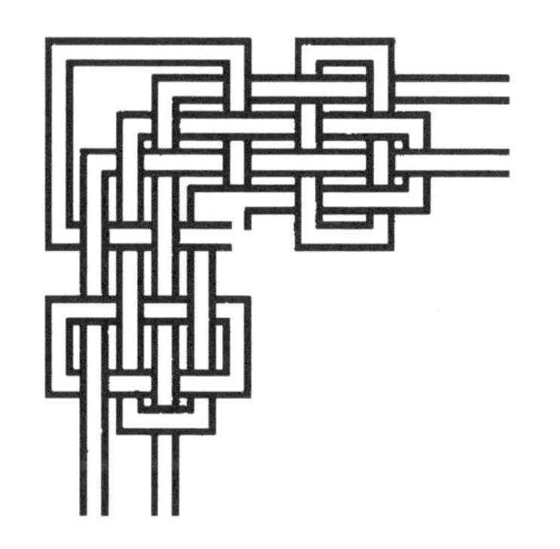

19

O tempo começou a correr mais depressa na prisão. Agora, pelo menos, havia um motivo para eu querer viver.

Nem tudo, porém, acontece como a gente quer e sonha. O presente do chefe tinha um preço e não demorou para ser cobrado. Logo ele mandou me avisar que precisava falar comigo.

– Você agora faz parte do meu grupo mais próximo, Zeca. Já tenho um trabalho para você.

Não adiantava me esquivar, porque, se não aceitasse a empreitada, o único prejudicado seria eu. Indicaram-me o desafeto do chefe. Trabalhava na lavanderia comigo. O erro fora tentar tirar proveito de um descuido do grupo de comando. Negociara por conta própria uns papelotes de cocaína sem prestar contas ao chefe. E isso na prisão não tem perdão.

De tarde, quando tudo parecia sossegado na lavanderia, ficamos eu e ele a sós. Já tinham me falado onde estava guardado o estilete improvisado. Foi fácil escondê-lo por dentro da camisa. Quando o desafeto estava distraído, tentando tirar umas peças da máquina de lavar industrial, cheguei por trás e, numa única estocada, enterrei o estilete em suas costas até sentir perfurar seus pulmões. O sangue começou a jorrar e ele foi caindo como um pássaro ferido, sem um pio, até o chão. Recolhi a arma. Limpei-a no lençol que havia ficado na porta da máquina e guardei-a no mesmo lugar em que a encontrara. Voltei sem pressa para minha cela. Ninguém havia me visto entrar ou sair da lavanderia.

Meia hora depois, foi dado o alarme. Todos fomos obrigados a sair para o pátio do jeito que estávamos. A chefia de segurança deu cinco minutos de prazo para que o assassino se apresentasse. Caso contrário, naquela noite iríamos dormir no pátio.

Nem é preciso dizer que ninguém teve a coragem de me apontar como o autor do assassinato; embora só alguns mais chegados ao chefão tivessem conhecimento do trabalho que fora feito. A lei do cárcere é mais cruel que as regras do crime lá fora.

O inquérito não conseguiu apurar muita coisa sobre o assassinato. Concluíram que fora um acerto de contas entre gangues rivais: solução cômoda para um crime atrás das grades.

Meu prestígio aumentou no meio carcerário. Eu era conhecido como um assassino frio e determinado. Esses são os mais respeitados naquela masmorra.

O medo da minha pessoa aumentou na mesma proporção do prestígio que ganhara.

Foi apenas o começo de uma série de acertos de contas. Meu medo era, de repente, ser traído por alguém que se julgasse protegido pelo chefão e que, para se salvar, fosse me denunciar à direção da prisão.

Não passou muito tempo e logo fui chamado à sala do diretor. Ele fez de tudo para me tirar uma confissão. Não faltaram promessas de redução de pena e até de troca de prisão.

Não podia nem queria abrir a boca, porque uma palavra mal dita seria minha ruína, em qualquer outra prisão e mesmo na condicional lá fora. Os tentáculos dos criminosos organizados alcançam você, onde quer que esteja.

O preço foi uma semana na solitária: agachado, imundo e mal nutrido.

Sabia que, lá fora, todos tinham tomado conhecimento do meu silêncio. Era a minha senha para permanecer vivo.

Quando me tiraram do 'caixote' onde estava, não conseguia abrir os olhos e minha boca era uma ferida só. Não consegui ficar em pé e fui arrastado até minha cela, onde me largaram caído e sem forças para nada.

Passei a noite no chão da cela sem conseguir subir no catre, sem poder alcançar o cobertor para cobrir minhas feridas.

De manhã, a carceragem autorizou a dois detentos me banharem e colocarem nova muda de roupa em mim.

Senti-me pelo menos um pouco mais reconfortado, mas a experiência fora terrível e aniquiladora. Carcereiros e detentos, cada um deles sabe o limite entre a vida e a morte. A diferença, porém, é insignificante.

Quantas vezes voltaria para o 'caixote'? Perdi a conta. Fui escolhido como bode expiatório do pavilhão. Ninguém fica impune quando acoberta um crime e eu sabia disso melhor do que ninguém.

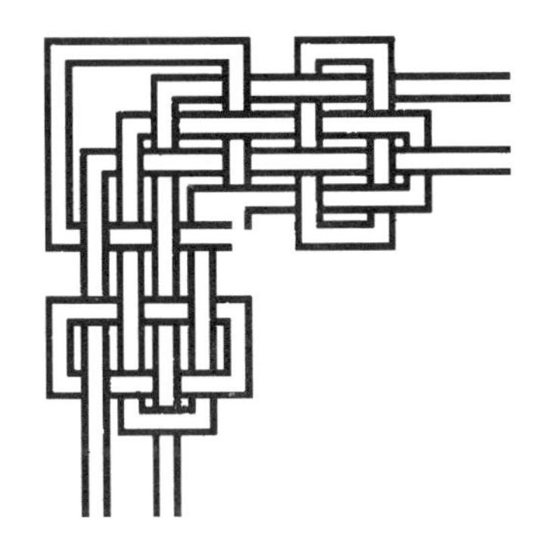

20

Hoje completo meu primeiro ano de encarceramento, afastado do mundo lá fora, vivendo o dia-a-dia sem fim, cruel e melancólico atrás das paredes desta prisão.

Domingo passado, Helena me confidenciou toda feliz que esperava um filho meu. A princípio, fiquei calado, como se uma espada tivesse me atingido. Não quis que ela sentisse essa dor que me corroía o coração. "Mais um coitado para sofrer neste mundo", pensei eu. "Será que vale a pena?"

Depois, consolei-me nos braços dela, preparando o futuro dessa criança. Helena irradiava felicidade e eu, preocupação.

Abracei-a carinhosamente e pedi que se cuidasse, porque me pareceu tão frágil e indefesa a ponto de obrigá-la a preocupar-se consigo mesma e com o futuro da criança.

Não tive outra alternativa senão a de pedir ao chefão que nada faltasse para Helena durante sua gravidez. Era o mínimo que o comando poderia fazer por mim.

Tive a garantia pessoal dele de que ela receberia tratamento médico adequado e alimentação correta para não se enfraquecer.

Acompanhei a cada visita dos domingos a evolução da gravidez do meu filho. Helena ficava cada vez mais linda e seus olhos brilhavam de satisfação a cada mudança de seu corpo juvenil.

Escolhemos os nomes: Roberto, se fosse homem, e Daniela, se mulher.

Foram meses de atenção, cuidados e inquietações. Eu não queria me manter em encrencas dentro da prisão. Apesar do meu constante estado de aflição, não me deixaram em paz. Criei atritos com quem não devia; fomentei dissensões no grupo com minha constante irritação e mau humor. Não me faltaram advertências dos dois lados: da direção e do comando.

Amarguei por causa disso algumas surras dos carcereiros e maus tratos dos detentos do grupo do comando.

Quanto mais se aproximava a hora do parto de Helena, a preocupação levava-me ao desespero de que algo pudesse sair errado.

Quando faltava um mês para a criança nascer, Helena não pôde mais me visitar: o médico pedira repouso absoluto. Passei a conviver com notícias desencontradas dos amigos da família dela que mais me enfureciam do que acalmavam o meu coração. O diretor não me permitia usar o telefone para saber diretamente como as coisas se passavam. Culpa minha, porque nunca fora colaborador da direção. Pagava agora um preço caro pelo meu comportamento.

Quando já me propunha a fazer uma loucura qualquer para saber como Helena estava, chegou-me a notícia de que Daniela nascera linda e forte. A mãe passava bem, em virtude dos cuidados a que se submetera nas últimas semanas.

Eu era pai: eu tinha mais alguém no mundo com quem me preocupar.

Seu enxoval, disseram-me, era muito lindo e especial. O comando não mediu os esforços para me agradar nessa hora. Afinal, eu sempre fora fiel aos princípios e ordens do grupo.

Como senti falta naqueles instantes de não poder estar ao lado da mãe e da filha, levando o meu afeto e solidariedade. Um ódio imenso atravessava todo meu ser.

Quem sabe um dia eu poderia passear com minha filha; levá-la aos parques para correr nos gramados lépida e feliz. Livre, isso sim, livre como um pássaro que começa a aprender a voar! Nós iríamos as sessões de cinema com desenhos animados, iríamos gargalhar com as loucuras dos palhaços nos circos. E, antes de dormir, eu iria ler os mais lindos contos de fadas até que ela cerrasse seus olhos cansados e sonolentos. Como é gostoso sonhar!

Fui ver minha boneca só com três meses de idade. Parecia-se com a mãe: olhos, tez e cabelos. Linda como Helena! Segurei-a nos meus braços como um tesouro a ser guardado com todo cuidado.

Senti-me fascinado por aquele projeto de gente, tão frágil, tão pequeno e tão desamparado. Senti as lágrimas aflorarem aos meus olhos, mas tive vergonha de que alguém me visse tão fragilizado.

– Ela é sua, Zeca! É sua e nossa filha, o fruto do nosso amor. Eu serei a mãe e o pai dela até podermos ficar juntos para sempre.

Helena pusera nos próprios lábios as palavras que eu gostaria de ter dito naquela ocasião.

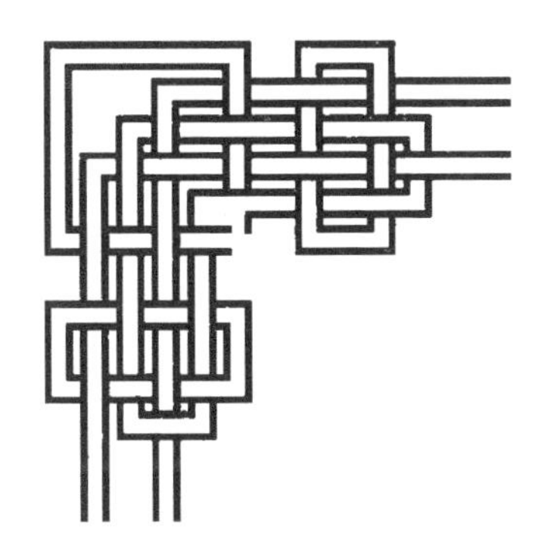

21

A cada visita de Helena, mais fico encantado com a graça e a beleza de minha filha Daniela. É um bebê saudável. Tenho certeza de que herdará da mãe o sorriso e os olhos.

Vou acompanhando cada gesto novo, cada trejeito seu. Em silêncio, aconchego-a nos meus braços e sinto medo de não poder acompanhar o seu crescimento como qualquer pai deste mundo.

Eu e Helena já fizemos os planos para seu futuro: será professora? Será advogada? Nada irá lhe faltar.

Quando volto para a cela e as visitas já se foram, fico arquitetando um modo de escapar das garras do grupo. Sei que será difícil, porque eles têm 'dedos-duros' em toda parte. Posso jurar que até os guardas estão mancomunados. Não posso falar com ninguém, porque estou cercado de traidores.

Só tenho uma saída: mudar de pavilhão. Ainda assim, é por demais perigoso. O poder do chefe se espalha entre os outros pavilhões. Preciso arrumar uma encrenca aqui dentro, de maneira que torne insuportável minha presença neste grupo.

Também pensei em falar com o próprio chefe para arranjar uma transferência. Se não houver vantagem para ele, o negócio vai gorar. Vou deixando o tempo rolar até encontrar o momento oportuno para meu golpe.

E a ocasião não tardou. Por causa de uma briga no pátio, esganei com uma corda um dos seguranças do chefe. Fiz de tal forma para que parecesse legítima defesa minha. Os que viram foram logo contar ao chefe que o infeliz fizera gracinhas indecorosas a respeito de minha menina. Se há coisa que o código das grades não perdoa é ofender a mulher do companheiro.

Para que a coisa não ficasse por aí, levei uma surra que me deixou uma semana de cama. Eu era agora um detento perigoso neste pavilhão. A sindicância aberta decidiu pela minha transferência para outro pavilhão.

Passei dias esperando ser chamado pela direção, mas ninguém falava do assunto comigo. Enquanto isso, fui afastado do convívio com os outros detentos, sem direito a banho de sol e visitas.

Imaginei o que deve ter passado pela cabeça de Helena, quando não pôde mais me ver como de costume.

Um mês de isolamento leva qualquer um à loucura. O tempo não passava. Ninguém me trazia notícias.

Senti um alívio quando me chamaram à administração.

– Esta é sua última chance, safado. Você agora vai aprender a viver sem brigas com os outros. Para onde você vai só tem uma saída: o cemitério – foram as últimas palavras do diretor.

Eu fizera minha escolha: jogara numa cartada toda a minha sorte ou meu azar.

Andando pelos corredores que nunca tinha visitado, não notei muita diferença daquele em que passara tanto tempo. A sujeira, a fedentina e a escuridão eram bem parecidas.

Paramos em frente a um grande portão gradeado. O guarda abriu uma das portas com dificuldade.

Pensei comigo: há de ser meu último refúgio. Daqui quero ir para a liberdade das ruas.

Fui levado até uma das celas do terceiro andar para ficar com outro detento. Nem pude vê-lo direito; estava largado na cama debaixo de um cobertor gasto e sem cor.

No primeiro banho de sol, como de costume, ninguém encostou em mim. Fiquei apoiado num canto de parede, sem fazer nada.

Essa regra era igual em qualquer parte: "você não é nada e continuará assim até que alguém decida o seu destino".

Lógico que havia lá também um grupo que dominava os demais. Era só questão de tempo para ser apresentado. A minha folha-corrida já devia ser conhecida naquele território.

A primeira visita só foi liberada quinze dias depois de minha chegada. Matei a saudade da minha princesinha e da minha amada. Ela estava apavorada com essa mudança, mas eu procurei acalmá-la para explicar que eu estava tentando uma saída mais rápida daquele inferno por bom comportamento.

Helena me fez jurar por tudo que é sagrado que eu não faria nenhuma bobagem.

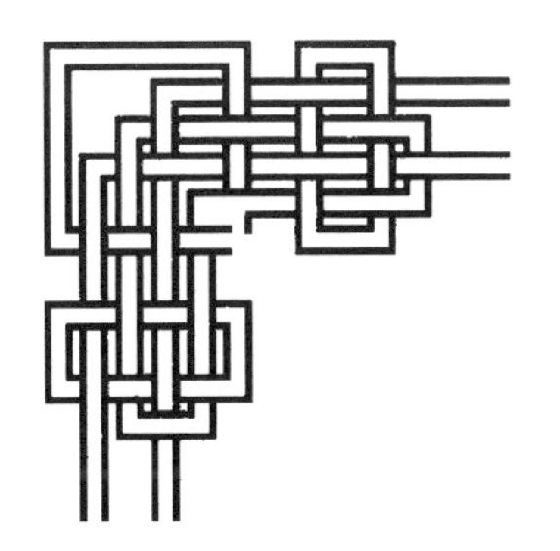

22

Nem melhor, nem pior: é assim que eu poderia descrever meu novo pavilhão. Aqui ficam os assaltantes de bancos, homicidas e autores de latrocínio. Há uma hierarquia tão rígida como a do pavilhão anterior. Infelizmente, na prisão não se pode optar. A meta é sobreviver. Poucos conseguem chegar até o fim da pena: você não vive para ver esse dia.

Os grandes já sabiam quem eu era e deixaram, logo cedo, bem claro que eu não teria regalias. Eu preferi que fosse desse jeito, apenas para garantir um pouco mais de vida. Do jeito que as coisas andavam, meu tempo nesse pavilhão não seria muito longo.

Fui designado para trabalhar na marcenaria. Tive de aprender noções de um ofício estranho para mim. Comecei como ajudante, carregando ferramentas para os mais adiantados; ensacando madeiras de sobra; limpando e varrendo o chão da oficina.

Conheci um rapaz mais novo do que eu, o Camarão, apelido que ganhou por causa de seu cabelo cor de ferrugem e rosto todo pintado da mesma cor. Tinha feito parte de uma gangue perigosa e cruel que não deixara vítima nenhuma viva. Alguns ainda estavam em liberdade, depois que a polícia desbaratou o bando. Só corriam atrás de coisa rendosa. Atacar pobres e favelados era coisa para bandido pé-de-chinelo. Estes, quando encontravam pelo caminho, eram liquidados sumariamente. Por muito tempo a polícia confundiu seu bando com um grupo de justiceiros. Não faltaram apartamentos de luxo ou casas suntuosas onde não tivessem passado. O rapaz foi entregue como 'boi-de-piranha' nas mãos da polícia para que os chefes do bando escapassem de um cerco. Pagou por todos.

Como eu, ele esperava o dia que pudesse dar o troco naqueles safados que o deixaram sozinho, para trás, sem nenhuma cobertura. Antes de se entregar, feriu dois soldados e matou um sargento.

Levou mais de um mês para poder ser apresentado à justiça, tamanha foi a surra que levou dos colegas do policial assassinado. "Preferia ter morrido", dizia-me ele.

Se é que se pode falar em amizade, sua companhia fazia-me crer que se podia confiar em alguém na prisão. "Sempre com um pé atrás", dizia eu com meus botões. Na cadeia, seu melhor amigo é você mesmo e mais ninguém!

Andava ele preocupado com a namorada, menor de idade, que deixara lá fora. Nem sabe se permitiriam sua visita um dia. Isso o atormentava mais que as péssimas condições de vida do pavilhão.

Não tinha nada lhe dizer nessa hora, nem podia garantir qualquer coisa, até porque, no pavilhão atual, eu era peixe novo, sem eira nem beira.

Foi ali que, pela primeira vez, soube que, às vezes, se faziam cultos religiosos; às vezes evangélicos, outros católicos e até reuniões espíritas. Frequentei algumas só por curiosidade, mais para preencher o tempo de ócio. Não consegui entender a mensagem que traziam: resignação? Paciência? Amor a Deus? Como soavam falsas essas lições religiosas num ambiente como aquele em que eu vivia. "Isso deve ser muito bom para quem está por cima, sem problemas", pensava naquela hora.

De qualquer maneira, disseram-me que a frequência aos cultos contava pontos de 'bom comportamento' na hora da avaliação dos presos.

Nem isso conseguiu aliviar minha depressão cada vez mais profunda. Afundei-me nos meus pensamentos de ódio contra o mundo, desprezo pela sociedade que me abrigara como pária!

Sinto pena de Helena e da minha filha que, por um grande azar da sorte, se ligaram à minha vida. Eram vítimas, como eu, da mesma sociedade que me embalara na senda do crime.

Minha preocupação aumentou ainda mais, quando comecei a receber notícias do pavilhão onde estivera anteriormente, com ameaças por ter me afastado da chefia sem mais nem menos.

Alguns bilhetes me chamavam de 'traíra' e diziam que não precisava me preocupar com o acerto de contas. Esse seria líquido e certo.

Passei a vigiar meus passos, os detentos que me olhavam com o rabo dos olhos no pátio, alem das 'gracinhas' dos carcereiros. Pior de tudo: não tinha com quem me abrir, nem como pedir proteção de vida. Já não dormia mais direito: qualquer barulho, à noite, fazia-me pular da cama, tenso e nervoso. No pátio, um empurrão me deixava gelado. De onde viria a vingança sobre mim?

Passei a me esquivar cada vez mais de todos e tornei-me um solitário contumaz e apavorado.

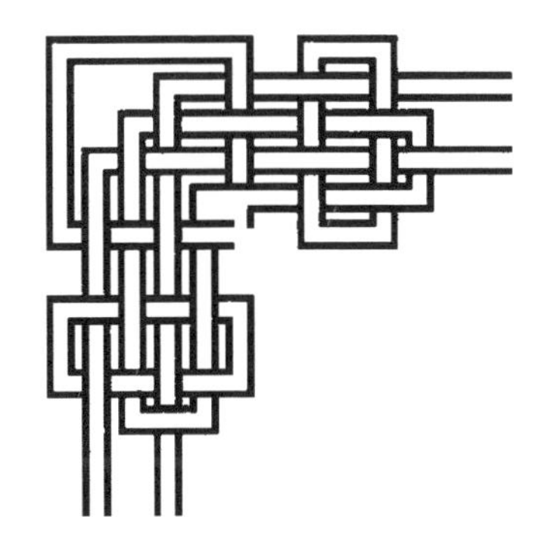

23

Minha vida estava constantemente ameaçada e era preciso que eu tomasse uma posição no novo pavilhão: ou ceder ao comando, ou conviver com o perigo a cada dia.

Não faltariam novos convites para assumir um posto dentro da estrutura organizada dos presos e seus chefes. Tentei, de todos os modos, ficar afastado dessa encrenca. Simulei uma doença e consegui, por alguns dias, isolar-me na enfermaria. Sabia que estava apenas protelando o meu destino. Custou-me caro, mas consegui um atestado declarando-me incapaz para diversas atividades internas, papel cujo valor poderia perder sua validade a qualquer momento: bastava não ter mais dinheiro para renová-lo.

Quando voltei para a cela, dias depois, esperava-me o olheiro do comando do pavilhão.

– Vamos devagar com você. Nada que possa afetar sua saúde, colega. Só queremos, por enquanto, a sua experiência em delatar qualquer intenção de enfrentamento com a chefia atual. Aqui não se pode dormir no ponto. Depois, a gente estuda outra atividade para você. Feito?

Assenti com a cabeça, porque não tinha mais desculpas para inventar. Logo tive que mostrar serviço, porque essa gente ninguém consegue enganar.

Entreguei logo um desafeto da chefia que não escondia sua intenção de armar um 'fuá' para assumir um posto mais alto. Não o vi, nem no dia seguinte, nem depois. Soube, pelas conversas, que o acerto fora feito no refeitório. Ele foi envenenado na hora da refeição, na segunda leva de detentos na hora do almoço.

Recebi os cumprimentos pelo dever cumprido, embora não tivesse qualquer participação no resultado final.

Deixaram-me em paz por um mês, não mais que isso. Logo estava envolvido em ações muito mais perigosas e letais. Ganhei a proteção da gangue, mas me afundei de novo em encrencas.

A direção começou a investigar a fundo o que estava acontecendo na prisão. A ordem de cima era identificar e isolar os elementos mais perigosos. Eu vivia entrando e saindo da diretoria para interrogatórios. Isso era o pior que podia me acontecer.

A pressão começou a crescer e o grupo queria saber, a todo instante, porque me chamavam tanto para depor e até onde eu tinha conseguido me safar.

Foi quando recebi a notícia pior de todo esse tempo na prisão: estavam estudando um remanejamento de presos para isolar os mais perigosos.

Só de ouvir falar fiquei arrepiado, porque nunca ninguém voltou para a rua depois de passar por aquele pavilhão.

As notícias que corriam a respeito eram de que poucos sobreviveram à disciplina daquele local: era o depósito do lixo da prisão.

Três meses tinham passado desde minha transferência, quando fui informado de que meu destino seria permanecer naquele pavilhão indefinidamente.

Pedi um advogado dativo, eram assim que chamavam os advogados nomeados pelo foro para os presos que não tinham dinheiro para pagar um defensor. Eu fiquei na lista de espera, longa e demorada. Poderia levar meses, alguns diziam anos, para que eu fosse atendido.

Preparei-me para tentar uma condicional.

*

* *

Éramos pelo menos vinte os detentos escolhidos para curtir aquele novo pavilhão. Fomos recebidos com tapas e pontapés, senão até com cusparadas e chacotas.

"As meninas chegaram cedo" eram os gritos dos detentos dentro das celas.

Novo teste de sobrevivência, isto sim é o que me esperava.

Como é difícil aceitar as mudanças no interior de uma prisão. Você fica à mercê da sanha e crueldade dos novos companheiros. Você não é bem-vindo, porque acaba ocupando um espaço que já é pequeno.

Sabia que não seria fácil, mas não imaginei que fosse tão horrorosa essa convivência. Quando me diziam que lá era a ante-sala da morte, eu fazia uma ideia até que benevolente do ambiente. A droga corria solta e quem pudesse pagar por ela não teria dificuldades para comprá-la. As celas estavam lotadas; onde cabiam dois, enfiavam quatro ou mais para disputar duas camas e o mesmo lavatório e privada. Era uma visão antecipada do inferno.

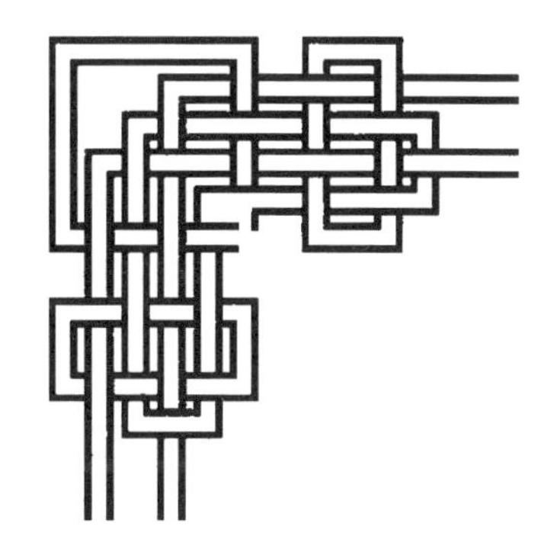

24

Consegui receber a visita da minha querida Helena. Daniela está cada vez mais linda, já se sustenta de pé no colo da mãe. É um pedaço da alegria que me dá forças para suportar este horror. Fiquei com ela nos meus braços quase o tempo todo: não queria soltar-me dela de medo de não poder mais vê-la.

Helena me contou cada gesto novo, cada gracinha, choro, risos, balbuciar de sons, seus dedinhos apontando para todos os lados.

Quero registrar na memória cada palavra para não esquecê-la nunca mais.

Nunca vi Helena tão feliz. A criança devolvera-lhe a vontade de viver e de sentir a vida. Está mais forte: a maternidade fez-lhe bem ao corpo e à alma.

Trocamos juras de amor e eterna paixão, como se fôssemos namorados de primeira viagem. Prometi-lhe que estava preparando tudo para falar com um advogado e tentar uma condicional.

Seus olhos brilharam como nunca. Eu podia ler no fundo daqueles dois lagos escuros o desejo de estarmos todos em família, um lar de verdade.

Na hora da saída, abraçamo-nos intensamente e beijei as faces rosadas de minha filhinha com fervor e carinho.

A caminho do refeitório, naquele pôr de tarde, invadiu-me um negro pressentimento de que algo de ruim se formava no horizonte de minha vida. Senti o tédio e a desesperança invadirem meus pensamentos.

À noite, o mesmo caminho fétido e escuro de minha visão antiga impedia o meu sono. Eu estava sozinho e desamparado naquela solidão estranha, sem ninguém, sem nada. Acordei várias vezes, naquela noite, ensopado de suor. Que triste presságio me acompanhava!

Na mesma semana, fui chamado à diretoria.

– Há uma chance de empurrarmos seu pedido de consulta a um advogado. Depende da sua cooperação. É pegar ou largar!

Sabia, naquele momento, que coisa boa não estava acontecendo.

– Daqui a alguns dias, vamos ter um jogo amistoso no pátio de outro pavilhão. É o nosso pessoal da manutenção contra os presos de lá. Você pode ir assistir, mas precisamos de alguma informação para descobrir quem está montando um esquema de fuga. Você conhece o pessoal, vai ser fácil.

Não adiantou nada minha argumentação de que eu não era bem recebido por lá. Estava jurado de morte. Todos sabiam disso.

– Qual é, companheiro? Você tem lábia suficiente para dar a volta por cima. Além disso, vamos dar cobertura.

O que eu poderia fazer? Negar um pedido da direção da prisão, sem qualquer chance. Aceitar era correr o risco de ficar largado no pátio com um estilete nas costas, ou, se desse sorte, adiantar minha visita com o advogado.

Aceitei a incumbência a contragosto. Nos dias seguintes, fui recebendo aos picados informações sobre os presos que a administração temia estivessem no plano de fuga. Alguns eram meus conhecidos do tempo em que passei por lá.

Planos de fuga acontecem todo dia. Só muito raramente alguns dão certo. Na maioria das vezes, terminam antes de serem executados, porque, na ânsia de escapar, os detentos delatam os outros para obter alguma vantagem. É nessa hora que os acertos de contas acontecem.

Desde que estava lá, só uns poucos planos tiveram sucesso. Aliás, por pouco tempo, porque muitos eram recuperados e trazidos de volta.

Dois dias antes do jogo, fui informado dos planos da direção. Eu assistiria ao jogo entre os presos do pavilhão que fora meu antigo lar.

De manhã, apareceu até uma garrafa de cachaça, trazida não sei de onde, para esquentar os ânimos.

Coloquei-me perto de um dos guardas que tinha ordens expressas de vigiar-me e garantir minha integridade.

Encontrei o pessoal do comando e fui recebido com certo ressentimento.

Procurei passar informações de que minha saída de lá não fora nenhum golpe meu. A prova era que ninguém tinha sido delatado, desde a minha transferência de pavilhão.

Soube que o chefão sentiu a minha falta e mandou dizer que só não me apagara até agora porque eu ainda tinha muita utilidade para ele.

Sabia, na hora, que não poderia confiar em nenhuma palavra deles, mesmo porque honra de bandido não merece crédito.

Fiquei olhando para todo lado do pátio para me certificar de que não seria presa fácil para um acerto de contas.

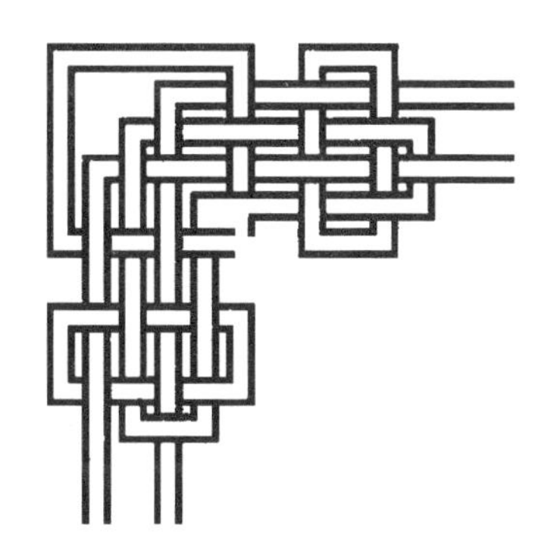

25

Ninguém soube dizer como tudo começou. O jogo se desenrolava animado e bruto, com sempre acontecia nos jogos da prisão.

Um dos detentos levara uma rasteira de um jogador da manutenção. Tapas, socos e bofetadas explodiram entre os dois.

Todos os jogadores tomaram o partido de cada um dos lados e a pancadaria ficou generalizada. Para piorar, os torcedores também começaram a se engalfinhar.

O alarme soou, chamando o corpo da guarda para conter os ânimos. Eram dez ou quinze guardas e foram recebidos a pedradas e paus.

Tiros começaram a ser disparados para o alto. Havia alguns detentos ensanguentados no chão e alguns homens da manutenção sangrando.

Eu não podia me mexer, porque estava cercado dos dois lados: pelos assistentes do pavilhão e pelos guardas. Encostei-me na parede do pátio para tentar me proteger. Tentei me aproximar dos guardas para render-me, mas fui recebido a golpes de cassetete até quase cair desmaiado no chão.

Quando o pessoal que ficara nas celas soube da situação, começaram a incendiar os colchões e iam pondo fogo em tudo que encontravam. Uma nuvem espessa de fumaça começou a subir pelas janelas, alcançando o telhado ameaçadoramente.

Quando acordei, atordoado, percebi que estava jogado como um boneco de pano no meio de centenas de presos num dos cantos do pátio.

Mandaram-nos tirar as roupas e ficar só de cuecas, sem podermos nos mexer. A cena era dramática.

Tentei justificar para um guarda que estava a serviço da direção, e como resposta levei um pontapé nas costas.

Já era de tarde, quando formamos uma fila única e mandaram todos para o corredor que dava acesso ao pavilhão.

Ali nos juntamos a outros detentos que tinham sido tirados à força das celas.

E lá ficamos sentados no meio da poça d'água usada para debelar o incêndio do pavilhão.

Olhávamos uns para os outros e nos perguntávamos o que estava acontecendo. Quem começara a briga? Era rebelião ou tentativa de fuga em massa? Quem planejara tudo aquilo?

Ninguém tinha resposta para nada. Não era a primeira vez que isso acontecia, mas nunca houvera tanta repressão. Comecei a temer pela minha vida, com um pressentimento de coisa feia estava por acontecer naquele local.

Para piorar a situação, a tropa de choque chegou com seus cães ferozes, metralhadoras e armas de grosso calibre.

Alguém gritou a todos para que cada grupo de dez detentos se levantasse para identificação e encaminhamento para outra parte da prisão.

De onde eu estava, podia observar que, violentamente, os presos iam sendo interrogados: nome, número do pavilhão, número de identificação, tempo da pena.

Enquanto um policial interrogava, outro conferia nuns papéis a exatidão da informação. Estranhamente, uns eram encaminhados para a direita do corredor e outros à esquerda.

Pensei comigo: "Por que a diferença, qual o critério da separação?"

Quando meu bloco chegou próximo dos policiais, ainda tentei argumentar que estava lá a serviço da administração. Ninguém ligou para as minhas explicações.

Fui mandado, com um safanão, para a saída à direita e levado a um corredor com os cães latindo sem parar e guardas com os rostos cobertos por um gorro preto empurrando-nos para um grande salão.

Quando o lote completou cem presos, mais ou menos, vimos um grupo de policiais – cerca de cinquenta – que nos cercou com seus cães ameaçadores.

A uma ordem dada, os cães foram soltos sobre nós. Cada um se protegia como podia. Cobri minha cabeça com as mãos e encolhi-me como um feto.

As primeiras mordidas dilaceram parte de meu rosto, braços e tronco. A dor era tão intensa que era impossível distinguir onde ela era mais profunda. O sangue jorrava por todos os lados, misturando-se com os gritos de desespero dos feridos. Quem se levantava era imediatamente metralhado. Logo o local virou um lago vermelho de sangue e pedaços de corpos.

A última coisa de que me lembro foi uma rajada de tiros que quase separou minha cabeça do resto do corpo.

Não consigo me lembrar de mais nada.

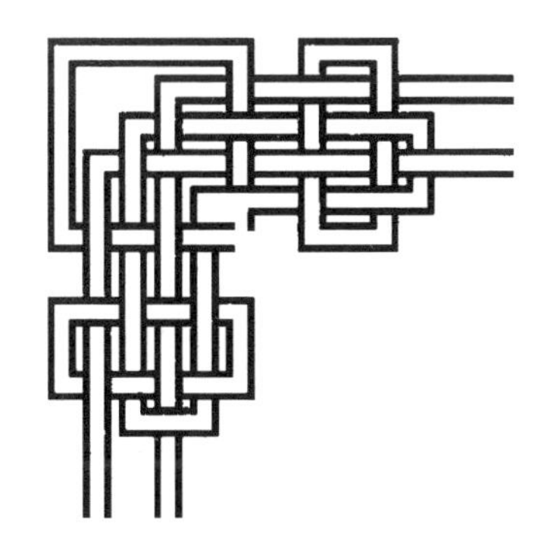

26

Depois foi o nada, absolutamente nada. Não há como descrever essa situação. Encarnado, você ainda utiliza as dimensões conhecidas: altura, largura e profundidade. Há o tempo e o espaço para você se posicionar em relação ao mundo que habita. No vazio do nada não há como se situar. Não tenho ideia do tempo em que permaneci na total escuridão. Reconhecia-me vivo com os sentidos ativos. Havia cheiro, odores pútridos a minha volta, vozerio distante, mas ininteligível, o chão pegajoso e frio, e, acima de tudo, pairando sobre mim uma escuridão impalpável, mas concreta e sensível.

"Aqui se faz, aqui se paga" – a mesma frase que assombrara meus pesadelos da mocidade.

"Quem semeia ventos, colhe tempestades" – o mesmo refrão assustador de outrora.

Passei as mãos pelo meu corpo dolorido e pelos meus dedos escorreu um líquido denso com gosto e cheiro de sangue.

Rocei o alto de minha cabeça com os dedos quase em pedaços e não encontrei meus cabelos ou o que deles restara – um tufo encharcado de sangue.

Havia perdido uma das orelhas, parte do antebraço e minhas coxas expunham os ossos dilacerados.

Minha primeira reação foi tentar entender como poderia estar ainda vivo, com tantos ferimentos graves e mortais. Onde e quando isto acontecera: não consegui lembrar-me de nada.

Aos poucos, vou constatando que estou só, definitivamente só. Eu e meu pensamento. Não há memória, nenhum fato que possa me relacionar com a situação em que me encontro.

Tento gritar, mas a voz não consegue sair dos meus lábios em pedaços, a língua partida ao meio entre alguns dentes que sobraram.

E, assim mesmo, estranhamente, ouço o eco dos meus gritos naquela escuridão.

Arrastar-me para onde, se não há qualquer objeto para sinalizar minha posição? Será um túnel? Uma noite escura, sem lua e sem estrelas? Se sinto o chão aos meus pés é porque caí num lugar desconhecido. Ou será que fui jogado aqui como um trapo para morrer?

Tento medir o tempo que aqui estou e não tenho meios de sabê-lo.

A sensação de total desconhecimento logo dá lugar ao sentimento de desespero e abandono. Nem meu nome consigo recordar.

Atiro-me no chão imundo onde circulam insetos, ratos famintos disputando com os morcegos os restos sangrentos pendentes de meu corpo. Nem me importo. Melhor assim, porque pelo menos morrerei mais depressa.

Logo me apercebo que cada vez estou mais vivo e não consigo morrer, porque cada parte de meu corpo arrancada pelos vorazes roedores se renova na mesma visão macabra.

Pela primeira vez me vem ao pensamento que posso estar noutra dimensão bem diferente da minha verdadeira vida: um sonho, quem sabe? Embora me faltem explicações, tenho a nítida percepção de que profunda modificação se operou dentro de mim.

Não sou mais humano, mas também não me sinto espírito. Sou apenas uma pálida imagem de um ser estranho, num mundo muito mais estranho ainda.

Caio desacordado e me deixo levar sem qualquer reação para o mundo do sonho.

E o pesadelo recomeça.

Não sei por quantas e quantas vezes repetem-se os mesmo sentimentos e sensações e o vazio sem fim que me envolve.

Não há pior dor do que aquela que corrói seu interior, buscando sem sucesso explicações para o martírio de viver sem razão alguma; só a angústia da solidão e do abandono.

De onde eu trouxe estas chagas que me consomem e ao mesmo tempo me mantêm vivo? Por que me deixaram aqui sem qualquer consideração, como um cão vadio?

Às vezes a sede me abrasa os lábios e, sem qualquer cuidado, enfio minhas mãos, ou o que delas restou, numa poça de água parada e imunda para sorver aquele lodo. Tenho fome e não encontro um pedaço de pão para enganar meu estômago.

Arrasto-me na escuridão e o mesmo vozerio que me ensurdece se afasta com meu rastejar. Não há ninguém que tenha passado por aqui há muito tempo. É o próprio cenário da desolação e da morte.

Não vejo dia nem noite. Como se mede o tempo neste local?

“Aqui se faz, aqui se paga”, repete o refrão.

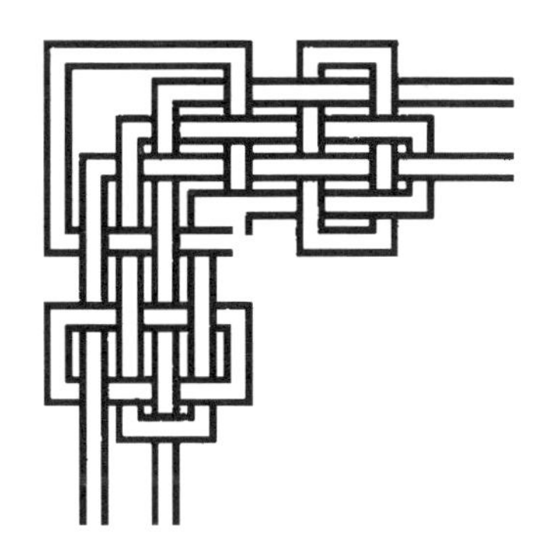

27

Se eu pudesse medir o tempo que aqui estou, teria pelo menos uma noção dos dias ou das noites que aqui passei. Não há, porém, qualquer referência a que me possa agarrar: é sempre essa longa e eterna escuridão.

Tento, inutilmente, recompor o meu passado; infelizmente, não há registro de qualquer fato ou imagem em minha mente.

Chego à triste conclusão de que enlouqueci e aqui fui abandonado porque não há mais qualquer tratamento para mim.

Não sou gente, apenas um amontoado de feridas ensanguentadas que deixaram para morrer.

Se este é o inferno de que falam, eu já estou vivendo nele.

Dias, meses: o tempo não conta neste abismo de dor e sofrimento.

Eu estava agachado no meio do lodo e encostado ao que me parecia uma grande pedra. Fingia querer dormir, descansar e desaparecer, como se fosse possível escapar daquela armadilha cruel, quando uma sombra levemente iluminada, e da qual só se via de relance o seu vulto, postou-se diante de mim.

Levantei os olhos para poder distinguir o estranho que se postara a minha frente.

Não consegui enxergar seu rosto. O capuz que cobria sua cabeça escondia sua face. Era alto: isso eu conseguia perceber.

Havia uma pálida luz que iluminava seus contornos, ou melhor, os contornos da longa veste que trajava.

Não sei se foi ele quem falou, mas pude ouvir uma voz firme e serena dirigindo-se a mim:

– Vimos buscar você, amigo! Não se agite, nem se preocupe. Estamos em missão de paz e caridade. Não precisa temer nada!

O que me parecia uma maca foi estendida na minha frente e pude observar que outros companheiros daquele que parecia o chefe do grupo colocaram-me com cuidado sobre a maca onde um lençol imaculadamente branco estava arrumado, e puseram sobre mim um outro tecido mais pesado e quente para aquecer-me.

– Agora você vai dormir de verdade. Pode descansar realmente. Não é um pesadelo.

Nada respondi, nem questionei. Aceitei passivamente que me passassem por todo o corpo, desde a cabeça até os pés, um aparelho que emitia uma luz esverdeada, sem muito brilho. Esse ritual durou o que me pareceu minutos, até que meus olhos foram se fechando, a dor dos meus ferimentos se abrandando e eu adormeci profundamente.

Não me lembro quanto tempo permaneci assim. Estava tranquilo, num leito aquecido e macio, com os olhos fechados, quando ouvi vozes a minha volta.

Nada de gritos, eram apenas sussurros misturados a risadas contidas. Pareciam trocas de segredos em meio a vozes femininas e masculinas.

Alguém se aproximou do leito e me disse:

– Podem vir. Nosso irmão está voltando depois de todas estas semanas de delírio total. O tratamento recomendado deve lhe ter feito bem, pois a cor voltou a seu rosto, e as mãos e pés estão aquecidos e recompostos. Vamos examiná-lo com respeito e amor.

Fui abrindo vagarosamente meus olhos com medo de que a luminosidade do ambiente pudesse cegá-los de vez.

O senhor que me apresentara aos companheiros tinha um porte nobre, mais alto do que poderia imaginar. Uma túnica branca, sem manchas, cobria seu corpo até os pés.

As mãos eram finas e longas, o rosto agradável de ver. Teria quarenta anos, se muito. Os cabelos eram longos e bem tratados.

– Seja bem-vindo ao nosso lar, irmão. Tememos por sua recuperação durante o tratamento. Mas pode-se ver que você reagiu melhor do que toda expectativa. Agradeça a Deus, por sua bondade que permitiu sua pronta recuperação. Agora vamos renovar um pouco a cada dia todos os seus sentidos, sua memória, suas condições de saúde espiritual. Seja bem-vindo!

Os colegas a sua volta sorriam satisfeitos pelo dever cumprido. Era uma equipe médica de respeito, como nunca tinha visto.

Tentei examinar o ambiente em que estava, mas os biombos de forro branco quase transparente nada me deixavam ver. Deduzi logo estar realmente em um hospital.

A janela atrás da cabeceira da cama estava aberta, porque eu podia sentir, de forma quase palpável, um perfume suave de flores de um jardim próximo, o canto de pássaros e o sol iluminando o local.

Tentei me esforçar para ficar sentado, mas fui gentilmente proibido de fazê-lo. Ainda estava fraco e debilitado.

– Onde estou? – ousei perguntar ao mestre.

– Num hospital de tratamento intensivo para pessoas em péssimas condições de saúde. Não se preocupe com nada. Vamos ficar com você por um bom tempo, ainda.

Recostei minha cabeça nos travesseiros e adormeci de novo.

Nota do Guia do Médium

Nosso irmão adormeceu calmamente e foi levado espiritualmente a um estado de torpor que invadiu cada parte de seu ser. No estado lastimável em que foi encontrado em sinistra região da erraticidade, era apenas questão de tempo para ele ingressar no estado completo de loucura.

Nosso grupo de trabalho foi alertado para que se preparasse para poder suportar a baixa densidade do local de onde deveríamos resgatá-lo.

Primeiro, fomos postos em quarentena sem qualquer contato com os demais companheiros do hospital avançado onde prestamos nossos trabalhos de caridade e cura. Depois, durante semanas fomos rebaixados aos poucos para um ambiente semelhante ao que iríamos encontrar no umbral.

Quando estávamos já em condições de prosseguir na tarefa, nosso mestre implorou em súplica ao Criador que permitisse o êxito da missão que nos fora designada.

Naquela noite, saímos silenciosamente como um grupo coeso, tanto espiritual quanto psicologicamente preparado. Cada um tinha uma tarefa a cumprir: alguém se encarregaria da vanguarra, analisando as condições da densidade do ambiente e dos espíritos habitantes daquela região que andam vigiando os arredores de nosso hospital.

A qualquer movimento brusco ou inesperado que notassem, esses irmãos informavam seus superiores, porque os irmãos em sofrimento conhecem seu mundo detalhadamente e podem a qualquer instante tentar frustrar nossos intentos.

Quando chegamos ao 'túnel' onde nosso irmão se achava, aumentamos nossos cuidados para evitar qualquer encontro desagradável. Não que nossos irmãos sofredores pudessem de alguma forma nos ferir ou atingir, mas porque, irritados com nossa presença, poderiam tentar retirar o irmão a ser resgatado para um local ainda mais tenebroso.

Nosso guia teve o cuidado de se certificar de que a ação poderia ser realizada sem risco, quando observou o abandono completo em que se encontrava nosso irmãozinho.

Quando se dirigiu àquele espírito sofrido e aflito, fê-lo com a voz mais suave e firme vinda de dentro do coração.

O mais difícil foi colocá-lo na maca especialmente preparada para receber seu corpo em pedaços.

Nessa hora, agradecemos a Deus a honra de nos ter propiciado tão importante missão. Alguns dentre nós se comoveram até às lágrimas com a fraqueza e o estado desolador de nosso irmão.

O tempo de colocá-lo na maca, reativar seus movimentos com o aparelhamento que trouxéramos e cobri-lo com um manto energizado foi todo cronometrado.

Já tínhamos avançado muitos passos em direção ao hospital, quando ouvimos gritos desesperados e imprecações de toda sorte por ter sido constatada a ausência do nosso irmão.

Naquele instante, tínhamos a certeza de que nada mais poderia evitar o sucesso de nosso trabalho de resgate.

A cada poucos minutos, íamos anotando as condições vitais daquele simulacro de gente que carregávamos com tanto amor.

Nossas preces subiam aos céus, agradecendo à bondade infinita do Senhor que retirara mais um irmão do poço do sofrimento.

Ainda o sol não nascera no horizonte, manchando de tintas vibrantes a luz de um novo dia, quando chegamos cansados, mas gratificados, às portas de nosso hospital.

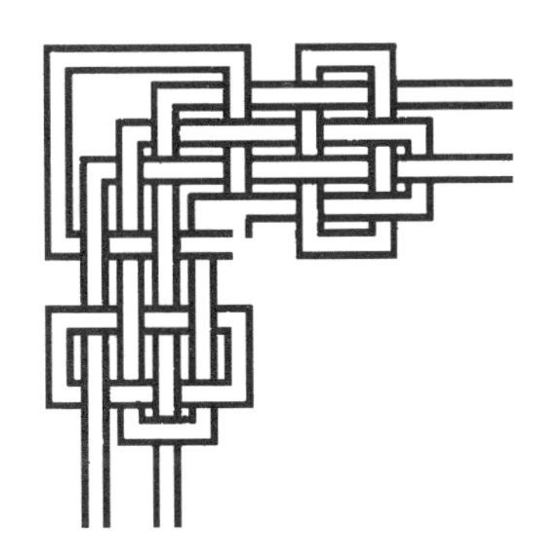

28

Continuo num estado de total prostração. Não há dor, sinto-me até leve com todos os movimentos do corpo. Não sei quanto tempo permaneci dormindo. Há aparelhos a minha volta que drenam constantemente meus órgãos internos.

Já posso enxergar minhas mãos reconstituídas como se fossem de um jovem. Há cor no meu corpo. Não vejo as marcas das feridas que tanto me atormentavam naquele horrendo abismo.

Um grupo de jovens alegres e sorridentes veio me visitar. Não conheço nenhum deles. Animaram-me bastante com sua tagarelice e risadas. Contaram-me dos dias e noites que ficaram acompanhando minha recuperação.

Continua a mesma intensidade de luz, cores e cantos de pássaros atrás da janela de meu leito. É a mesma brisa suave e tépida.

Pude saber, hoje, o quanto foi difícil o meu restabelecimento. Muitos grupos se revezaram à minha volta, aplicando unguentos, monitorando os aparelhos estabilizadores de energia, banhando-me com cuidado e atenção.

Tentei formular algumas perguntas que até agora estão sem resposta.

– Por favor! Obrigado por tudo que têm feito por mim. Mas eu preciso saber quem sou, de onde vim e porque toda essa atenção comigo.

– Não se preocupe, irmão. No momento certo, você poderá reviver o seu passado. Neste instante, qualquer revelação poderia causar transtornos de difícil reparação. Lógico, como todo ser humano, você tem um passado que precisa ser revisado sob a ótica da justiça divina. Há tempo para cada coisa. Agora é preciso descansar, recompor-se, revitalizar-se.

Embora tal resposta não abrandasse minha imensa vontade de redescobrir a mim mesmo, aceitei com resignação tão bondosas palavras.

Não percebi o tempo fluir naquele local. Isso me causava certa estranheza. Havia dias e noites, mas passavam de maneira suave, sem que me apercebesse de sua extensão.

Comecei a receber visitas mais constantes do grupo de trabalho que pacientemente lia para mim livros de apoio moral e espiritual, dando ênfase aos sentimentos de caridade, solidariedade e amor ao próximo.

Eram sempre histórias tocantes de pessoas que se doaram pela salvação de pobres infelizes ou ampararam doentes em suas dores.

Havia sempre uma mensagem final de profundo conteúdo moral, enaltecendo o padrão de amizade entre as pessoas.

Quando não, transmitiam mensagens de paz e caridade, dosando cada lição com a vida dos grandes mestres de luz que tinham vivido num planeta hostil, mas que não se deixaram macular pela impiedade dos homens e sua licenciosidade.

Não me lembrava de alguma vez ter ouvido lições como essas. Tudo era novidade para mim.

O que mais me cativou e prendeu minha atenção foi a explicação sobre o destino de cada ser que se reencarna. Comecei a observar que há uma grande dose de determinação na evolução de cada ser. Não vivemos sempre em paz. Nosso espírito já conviveu com diversas situações, que eles chamam de 'cármicas', das quais não se pode escapar. Você, apenas você traça o seu caminho a cada reencarnação. A escolha é toda sua: há o livre-arbítrio como elemento de vontade pessoal, encaminhando sua existência para o bem ou para o mal. Você há de retornar quantas vezes for preciso para reencontrar sozinho o ponto em que você deixou para trás sua evolução. Daí porque a necessidade de mundos de provação, de expiação e de regeneração. Você irá conhecê-los na sua jornada para a evolução. Ninguém está livre ou pode se afastar dessa peregrinação.

Fiquei surpreso, porque recebia explicações que não me lembrava de tê-las ouvido em qualquer lugar.

Busquei informações sobre meu passado, mas fui, sempre com delicadeza, advertido de que agora eram apenas explicações especiais para pessoas em recuperação espiritual.

Quis saber se estava morto. A resposta foi direta:

– Morto? Como? Você fala, ouve, percebe, movimenta-se, raciocina e chama isto 'estar morto'? Você nunca esteve mais vivo do que agora.

Realmente, tal pergunta não tinha cabimento neste local de paz e alegria, bondade e companheirismo.

Ainda havia muitos enfermos, em condições graves, que exigiam constante atenção. Soube que novos doentes foram trazidos da mesma região de sofrimento em que eu me encontrara.

Chegavam em lastimável estado. Como invejei a missão daqueles espíritos que se doavam sem cansaço por esses pobres coitados.

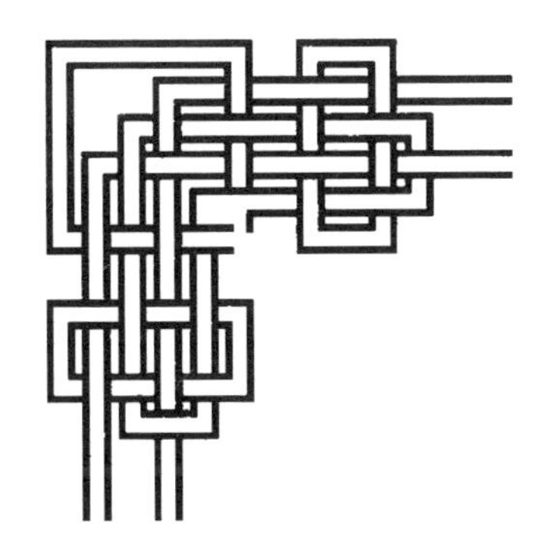

29

As lições sobre a missão de cada um de nós na terra, sobre o destino do homem, sua evolução espiritual, os desígnios de Deus em relação aos seres da Criação, a reencarnação, temas tão estranhos para mim, todas essas lições são ministradas de forma alegre, envolvente, como se fosse o 'bê-á-bá' de uma escola primária.

Difícil foi entendê-las, pois tudo era novo para mim e eu não tinha a mínima noção a respeito.

Bem cuidado, alimentado regularmente, não queria outra vida. Até que procurei ser um aluno atento, embora soubesse de minhas limitações. Todos tinham uma paciência infinita comigo e não me ridicularizavam pelas perguntas fora de propósito que eu lhes fazia.

O tempo foi passando e, quando me dei conta, já conseguia ficar sentado na cama, recostado no travesseiro firme que sustentava minhas costas.

Todos aplaudiram minha recuperação gradual, mas constante, e me felicitaram por não terem surgido sequelas que poderiam atrasar meu restabelecimento.

Trouxeram-me um livro para ler. O título era sugestivo e intrigou-me: *Os caminhos do perdão*. Li e reli cada capítulo com ansiedade. A narrativa era envolvente: era o registro fiel de uma intriga entre dois irmãos, disputando o amor da mesma moça. Com medo de desagradar um e outro, ela, inocentemente, acendia a chama da paixão pelos dois, sem se decidir por nenhum deles.

O que era antes fraternidade e amizade entre os irmãos foi se transformando em disputa cada vez mais cruel e ambiciosa pela conquista do coração daquela mulher.

Depois de constantes brigas entre ambos, o ódio incendiou o coração dos dois a ponto de não mais se sentirem como irmãos.

Um dia, o sentimento de vingança e rancor se sobrepôs à razão e, numa luta cruenta, ambos encontraram a morte.

Desesperada, a moça buscou no suicídio a tentativa de compensar o mal que havia feito. Onde havia amor, agora só a tristeza ocupava o pensamento de todos.

Desencarnados, desesperaram-se todos pela tragédia que causara a dor que tanto semearam.

Novas oportunidades cármicas são oferecidas para os três remediarem o triste desfecho do que poderia ter sido a felicidade de todos. Mas nem assim aproveitaram as novas oportunidades e prolongaram por séculos, ora como filhos, ora como pais, ora como amigos, o desejo de vingança que lhes anuviava a mente.

Muito tempo depois, ela retorna como mãe solteira dos dois enamorados e, lançada na miséria e pobreza, dá sua própria vida para salvá-los das garras de guerreiros que queriam sequestrá-los e escravizá-los.

Jovens, ainda, assistem desolados à chacina que ceifara a vida daquela que desde criança os protegera de todo o perigo. Penalizados, buscam, num mosteiro, o abrigo seguro e vivem para educar e encaminhar outras crianças na senda do bem.

Não fosse o sentimento do perdão e abnegação que influenciara a vida de cada um deles, ainda hoje estariam vagando na dor, desolação e desamor.

A história comoveu-me e tive a impressão de que algo semelhante poderia ter ocorrido comigo. Apenas um instante de lembrança que me devolveu a visão de um olhar suave e tristonho diante do meu coração.

Onde estaria esse rosto cuja visão tão fugaz e breve perpassara minha mente? Conheço esses olhos tristes de uma profundidade tão intensa; conheço esses cabelos pretos que balançam ao sabor do vento; conheço esses lábios intocados a pedirem um beijo de carinho. "Eu te conheço, visão! Diga-me teu nome".

Como uma faísca que me tivesse atingido e que atravessasse todo meu corpo, perco-me na imaginação de ter vivido esse momento em algum lugar. Fecho os olhos para não perder esse instante mágico, inesquecível, que me faz lembrar amor, carinho e felicidade.

Tento em vão recuperar os pedaços de memória do passado para recompor esse quadro de felicidade que um dia vivi. Mas ele foge, desaparece e desvanece como fumaça ao vento, como num passo de mágica de minha mente.

Estou voltando à vida, estou retornando a mim mesmo. Eu existo! Eu sou alguém!

Tenho vontade de sair gritando pelo quarto do hospital que eu me encontrei de novo.

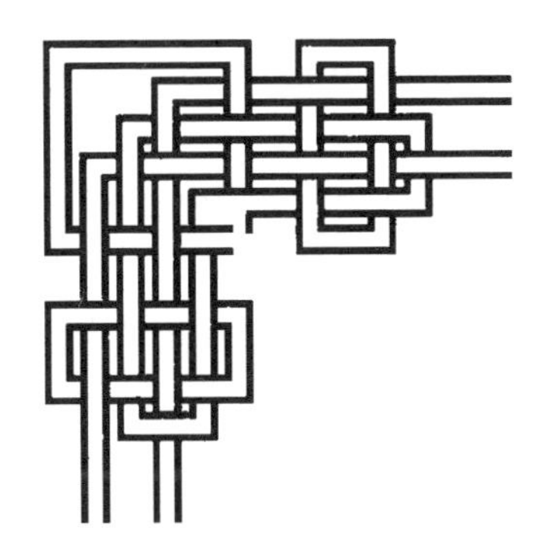

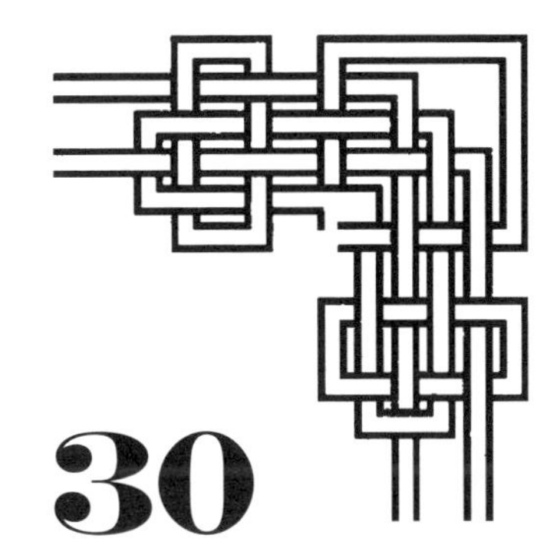

30

Dei os primeiros passos amparado pelos braços dos enfermeiros que, com muito cuidado, retiraram-me da cama. Confesso que fiquei completamente atordoado e a visão me fugiu repentinamente. Que sensação maravilhosa sentir a firmeza de meus pés pisando o chão do grande salão de tratamento. Foi pouco, mas o suficiente para devolver-me a confiança e a certeza de que em poucos dias estarei pronto para soltar-me sem a ajuda desses bondosos companheiros.

Pude sentar-me numa sala de espera arejada e iluminada, Os amigos queriam saber qual a sensação que me passara ao tentar a primeira e longa caminhada de cinco ou seis passos.

Animaram-me de toda maneira, garantindo-me a certeza de que tudo voltaria ao normal bem mais depressa do que poderia imaginar.

À noite, ao recostar minha cabeça no travesseiro, instintivamente elevei meu pensamento num agradecimento do mais profundo do meu ser Àquele que me devolvera a felicidade e a saúde. Uma emoção intensa perpassou meu corpo, porque conseguira balbuciar uma prece de agradecimento a Deus, pedindo que desse toda alegria e felicidade àqueles que me acolheram e o mesmo amor que me dispensaram.

Senti uma irresistível sensação de paz e calma dentro de mim, como se um choque tivesse me atravessado. Paz, pura sensação de paz e alívio envolveu meu corpo e adormeci com as lágrimas escorrendo pela minha face.

Um sonho deliciosamente calmo e tranquilo me traz de volta os mesmos olhos escuros e cabelos longos, envolvendo um sorriso enigmático de alguém que amei algum dia. Quis abraçar aquele vulto cujo perfume suave estava no ar. Ele se afastou sorrindo, com as mãos esticadas para mim e que eu, em vão, tentava agarrar.

Depois, ouvi risadas incontidas de uma criança que dançava numa roda, canções infantis com os cabelos soltos. Girou a minha volta várias vezes, fazendo-me quase sentir o roçar de seu vestido de festa.

Quando me abaixei para tomá-la em meus braços, ela me mandou, com sua mãozinha macia, um longo beijo e se afastou.

Acordei sobressaltado, tentando rememorar aquelas feições; mãe e filha que se apresentaram até mim como a trazer uma mensagem, um mistério a decifrar. Onde já as tinha visto? Eram tão conhecidas suas feições, cada gesto, cada olhar e, no entanto, por que tão difícil identificá-las? Sabia novamente que estavam cada vez mais próximas.

De manhã, pedi ao mestre que me ajudasse a decifrar esse enigma que atormentava minha alma.

– Oh, filho! São sim as pessoas que tanto o amaram e que ainda o amam. Aos poucos entrarão em sintonia com você e também irão ajudar na sua recuperação. Não se apresse, cada coisa a seu tempo!

Entendi que tudo fazia parte de um grande plano para meu fortalecimento e conhecimento sobre mim mesmo. Não poderia consegui-lo sem a ajuda dos meus companheiros.

Minha ânsia de aprender cada dia mais se acentua. Hoje, soube que estamos numa colônia de recuperação onde as ações de resgate são o grande objetivo de seus habitantes.

Disseram-me que existem outras células em níveis mais elevados para onde se dirigem espíritos evoluídos e que já cumpriram seus estágios em locais parecidos com este onde me encontro. Não que já não pudessem estar há mais tempo em locais mais desenvolvidos, mas porque espontaneamente se ofereceram para ajudar irmãos que, como eu, estavam abandonados naquele umbral escuro e triste.

Há dois sentimentos que podem bem caracterizá-los: abnegação e amor ao próximo.

Descobri, assim, que, nesta dimensão, cada um escolhe, durante sua permanência entre encarnações, qual a missão que pretende assumir.

Quando se decidem pelas missões de pura caridade, qualificam-se para níveis cada vez mais superiores.

Apenas perguntei-lhes se eu poderia um dia fazer parte desse grupo.

– Você saberá sozinho, no dia em que estiver pronto, qual será sua próxima missão. Primeiro, será preciso voltar quantas vezes for necessário para compreender, como encarnado, o quão importante é sua evolução, tanto intelectual como espiritual. É indispensável compreender por que nascemos e por que viemos ao mundo.

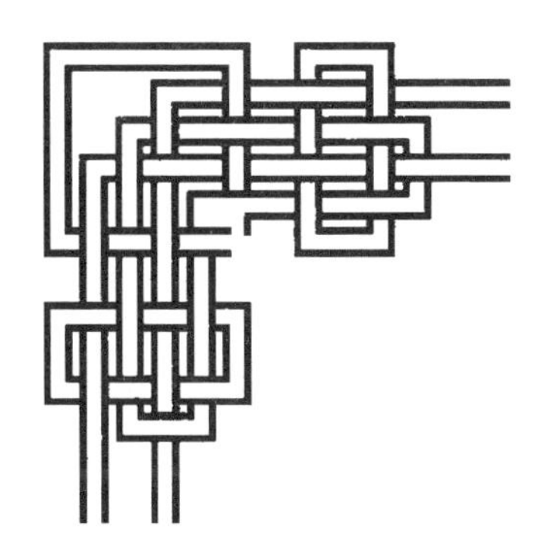

31

Descobri, bem antes do que esperava, que há um momento em nossa vida, quando no plano espiritual, que as coisas têm de acontecer. Não se pode ficar indefinidamente à espera, nem se pode ignorar simplesmente o caminho da evolução.

A duras penas você vai se conscientizando de que não basta os outros dizerem para você da necessidade de se dar um rumo decente a sua vida. Você, ninguém mais, precisa querer no seu íntimo essa revolução total interior.

Deus criou o homem para a felicidade e para o bem. O homem, por puro egoísmo e comodidade, achou que poderia experimentar o mal, sem medir as consequências dos seus atos.

E essas noções estão lá dentro de você; elas nascem e morrem com você. Você sempre terá consciência do que é certo e do que é errado. A sua escolha é que traça o seu futuro para o bem ou para o mal.

"Você, espírito, originou-se da mente divina do Criador, que quis compartilhar com cada uma de suas criaturas a justiça, a bondade e, sobretudo, o amor. Quando você se distancia desses objetivos, afasta-se d'Ele. Todos foram criados para a luz, para a verdade. Não é porque alguns se afastam desse ideal que Deus deixará de existir. Ele estará onde sempre esteve por toda a eternidade: ao seu lado, esperando por sua volta, como um pai saudoso aguarda o filho pródigo."

Mensagens como esta eram sussurradas em meus ouvidos e comecei a tomar conhecimento de ideias das quais não tinha qualquer lembrança.

Descobri que, no interior do homem, não pode haver lugar para o ódio, a vingança e a maldade.

Toda a felicidade encontra sua realização na abnegação, na compreensão e no amor por todos aqueles que foram postos em nosso caminho.

Não é por acaso que se escolhe, na espiritualidade, a família, os amigos, a vida que se pretende viver.

De repente, no meio de todos que o cercam, você descobre que eles sempre estiveram ao seu lado de um jeito ou de outro.

As afinidades se fundem e preenchem de paz e alegria o seu íntimo.

Agora, fico imaginando se, algum dia, poderei ter uma visão de minhas vidas passadas; se verei de novo os amigos e os inimigos que compuseram o quebra-cabeça desse mosaico de experiências.

Preocupa-me saber sobre minha última existência. Tenho, sim, a mais nítida visão de que sangue, lágrimas e dores foram a tônica dessa vida anterior.

Como devo ter padecido e feito tanta gente sofrer! Como posso ter me desviado tanto do caminho que preparara para esta vida?

Há um véu cinzento escurecendo minhas lembranças, ainda que resquícios de amor e paixão tenham penetrado no meu coração.

Comovo-me ao olhar a alegria e a satisfação dos espíritos que cuidam de mim. Alegram meu coração, sem pedir nada em troca, a não ser o meu total despertar o mais depressa possível.

Penso que uma vida só não conseguirá devolver-me o conhecimento e a vivência que um espírito precisa acumular ao longo de tantas reencarnações.

Não sinto solidão neste lugar: a paz e a fraternidade envolvem de tal maneira minha vida que gostaria de ficar para sempre com estes companheiros.

Começo a entender os desígnios de Deus a meu respeito. Mais que um filho, Ele me elegeu como um exemplo para outros irmãos desesperados, apontando-me como esperança de recuperação para todos que estiverem ainda sofrendo em regiões inferiores do mundo espiritual.

Não que eu mereça qualquer graça, apenas sua Bondade infinita me permitiu ser resgatado em circunstâncias tão terríveis e perigosas.

Sei que, mais cedo ou mais tarde, terei acesso a toda verdade, aos objetivos desse Pai misericordioso que me tirou da lama, me vestiu, me alimentou e me devolveu o bem mais precioso do ser humano: a dignidade.

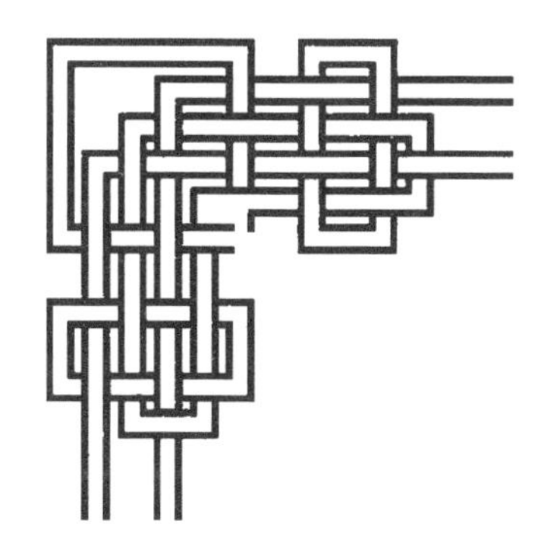

32

Hoje fui levado pelos meus amigos a um local reservado do hospital. Primeiro, foi feita uma preleção sobre a bondade divina e como ela atua em toda parte da terra, buscando o progresso espiritual da humanidade, sem se importar com suas atitudes e comportamento.

Pediram-me que fechasse os olhos e concentrasse meus pensamentos em sentimentos de paz e perdão.

Uma roda se formou à minha volta e meus amigos impuseram suas mãos sobre minha cabeça, rogando que procurasse afastar todo e qualquer pensamento estranho.

Entrei em um torpor que tomou conta de todo meu corpo, desde os pés à cabeça. Não sentia mais meus membros. Era como se meu corpo tivesse se desprendido.

Vi-me levado a uma casa num subúrbio da cidade onde nasci e, como se a conhecesse de longa data, atravessei a porta de entrada, percorri seus cômodos. Ao abrir a porta que dava acesso ao quintal, eu a vi sentada pensativa em um banco de madeira, aconchegando uma criança em seus braços.

As lágrimas começaram a escorrer pelo meu rosto e eu não contive os soluços. Lá estava minha amada Helena, mais linda do que nunca, com minha filhinha nos braços.

Arrojei-me a seus pés, senti a maciez de suas mãos, seus lábios sedosos, seus olhos profundos. Gritei por seu nome, que olhasse para mim: eu tinha voltado para ela de novo, livre como sempre houvera prometido.

Estranhamente, ela começou a chorar, como se soubesse de minha presença, mas não se moveu do lugar. Apenas aconchegou mais para perto de si minha filha.

– Helena, pelo amor de Deus! Diga que você me vê. Olha como estou bem e com saúde. Deixa-me beijar minha pequena Daniela, a razão de ser de toda minha vida. Helena! Sou eu.

Naquele momento, tive a certeza de que ela estava sentindo a minha presença e pude ouvir de seus lábios apenas um sussurro.

– Meu querido, sempre esperei por você. Onde você estiver, receba meu amor e carinho.

Meus amigos espirituais controlavam as minhas emoções, para que um transe mais emotivo não pusesse a perder todo o cuidado que até agora tinham tido comigo.

Senti a felicidade no coração de minha amada e a sensação de afeto que invadiu seu coração.

Elas estavam mais vivas do que nunca, e tinham sido preservadas e protegidas pelos amigos espirituais de toda a tristeza e mágoa que se entranhara em mim, na solidão do umbral onde tanto tempo permaneci.

Descobri que, durante esse período, pensamentos de paz, perdão e amor eram constantemente dirigidos àquele lar para que nenhum mal pudesse atingi-las.

No coração de minha Helena, restara a lembrança de nossa curta paixão, e o amor que nutria por mim transformara-se em dedicação à nossa filha.

Embora não pudesse alcançá-la fisicamente, a sintonia espiritual que se estabeleceu entre nós, naquele momento, era muito mais intensa do que se encarnado eu estivesse.

Aos poucos, nosso encontro foi-se desfazendo e fui retornando vagarosamente à realidade da dimensão espiritual.

Ao retornar, apenas as lágrimas na minha face acusavam a beleza daquele reencontro.

– Agora, aos poucos, você interagirá com seus entes queridos mais vezes, sem prejuízo para a missão deles na terra. Você poderá ajudá-los mais do que ninguém a viver com dignidade a própria vida, calcada na memória do amor que os uniu.

Sabia que havia muito por fazer: era apenas o começo da nova jornada.

Só a Providência Divina poderia ter uma visão tão universal e abrangente do destino de cada um de nós.

Somos apenas um grão de areia no universo, ainda assim, merecemos da Mente Divina tanto cuidado e atenção como se fôssemos seus únicos filhos.

Quantas emoções ainda estavam destinadas a mim? Quantas lições para aprender?

Naquela noite, ajoelhei-me aos pés da minha cama e orei com todo o fervor que um coração ardente pode ter, rogando a Deus o perdão por meu passado, cujos atos ainda não foram revelados, mas eu tinha a certeza de que só causara dor e sofrimento na última jornada terrena.

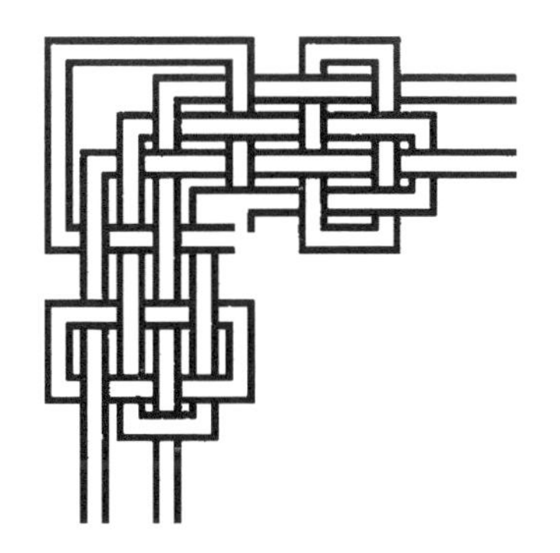

33

Tento lembrar-me da visão suave dos meus dois entes queridos, mas, estranhamente, foge-me a lembrança de seus rostos, das palavras que disse e as que eles me disseram.

Explicam-me que isso faz parte do tratamento a que estou sendo submetido. São emoções fortes demais que, se não forem controladas, podem causar mais malefícios do que se pode pensar.

Apenas ficou uma grande sensação de paz e amor dentro de mim, e isto me reanima.

Saberei esperar e aceitar o aconselhamento dos meus sábios companheiros.

Já estou sendo autorizado a visitar os outros irmãos que, como eu, foram resgatados da escuridão do umbral.

A minha história, o relato de meu resgate é motivo de curiosidade e interesse de todos aqueles que ainda estão se recuperando neste hospital.

O meu caso tem servido de estímulo e esperança para muitos deles, pois a gravidade de meu estado não permitia vislumbrar maiores possibilidades de êxito.

Muitos me fazem perguntas, questionam meu estado mental; outros me olham incrédulos, como se estivessem assistindo ao depoimento de um quase-morto e abandonado. Querem detalhes, pressionam por explicações, e, como posso, vou satisfazendo sua curiosidade.

Estimulo-os a cooperarem com nossos protetores para que sua recuperação seja mais rápida do que a minha. Questão de vontade e fé, digo-lhes.

Meu círculo de amigos se ampliou nestes últimos tempos. Sou recebido com alegria e satisfação aonde vou. Sinto-me parte desta casa.

Começaram os trabalhos de sintonização, que é como os amigos espirituais denominam as aulas de relaxamento.

Sem qualquer medo ou susto, pude me ver de novo no túnel onde estivera tanto tempo, ensanguentado, sozinho, abandonado e ferido no corpo e na alma.

Pude sentir um frio intenso percorrendo minha carne dilacerada e as vozes soturnas e lúgubres dos meus guardas, atormentando-me com palavrões, aumentando meu desespero e me torturando dia e noite mentalmente com a promessa de uma eternidade de dor. Quando se cansavam, trocavam os espíritos por outros ainda mais violentos e cruéis.

Quando a pressão era insuportável, meus orientadores espirituais deixavam-me vagar por outras imagens. Havia um pátio cheio de homens sujos e mal vestidos que se divertiam uns com os outros em brincadeiras de mau gosto. Havia rostos conhecidos e, aos poucos, reconhecia o local para onde estava sendo levado mentalmente. Sentia o odor sufocante e fétido que pairava no ar.

De repente, era retirado desse local e mergulhava num torpor profundo que me causava mal-estar e tristeza.

Ouço ao longe o uivar dos cães acorrentados, o pipocar das armas de fogo que atravessam meu corpo com suas balas incandescentes, o sangue jorrando de minha boca, sufocando minha respiração.

Quando retorno do trabalho de relaxamento, estou extenuado e o suor cobre minha face e peito. São janelas que se abrem mostrando-me imagens de minha vida passada.

A última impressão que se congelou na minha mente é uma voz suave de mulher, que me diz carinhosamente: – Até logo, amor!

Esses trabalhos começam a ser feitos cotidianamente, cada vez percorrendo um espaço maior de meu passado, até chegar a minha infância no aconchego de meus pais e companhia de meus irmãos.

Tudo é tão real! As palavras, as sensações de espaço, luz e som simulam uma realidade palpável e viva. Eu estou dentro desse quadro, sou parte dessa história que acontece agora, e não no passado.

Vou descobrindo sozinho que escolhi porque quis o caminho da criminalidade, das facilidades sem preço e sem honra, para viver a minha vida. Eu poderia ter sido o motorista do ônibus, trabalhador, honrado, pobre e feliz.

Fiz a minha opção pela senda do crime, da droga, da morte e da injustiça. Colhi exatamente o que semeei!

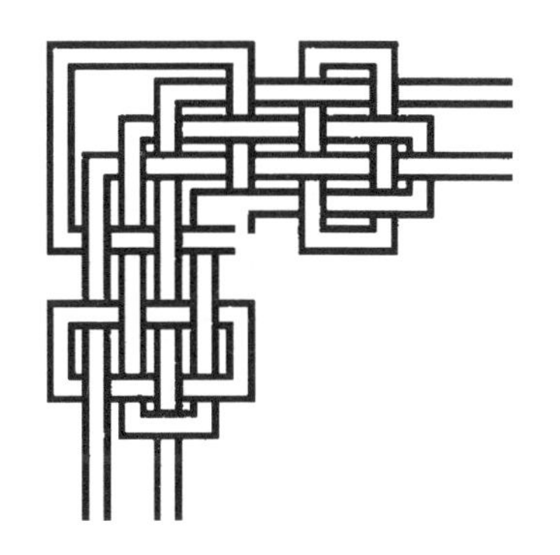

34

As sessões de relaxamento mental estão garantindo meu equilíbrio tanto emocional como espiritual. Já começo a ter um quadro cada vez mais completo de minha última vida.

Soube agora que a escolha da família fora decisão só minha antes de reencarnar. Havia uma razão para isso. Eu vinha de uma vida anterior tumultuada: o dinheiro e o poder haviam me dado muito mais do que imaginava. Corrompera pessoas, levara à falência e à ruína famílias decentes, ocupara postos de mando que, em vez de servirem de experiência, provocaram a desgraça de outros, tornando-me sórdido e corrupto.

Minha fortuna era fruto de minha ambição, e não medi vingança, ódio e maldade para manter o que conquistara com a desgraça de tantos. Quantos pais de família puseram fim a suas vidas por minha causa! Eu os levara à miséria da noite para o dia; sem piedade ou compaixão, assisti impassível à derrocada de tantos lares.

Encontrei a morte em trágico acidente, quando estava no auge da ganância e do poder.

No recesso da espiritualidade, pude ver que uma vida não poderia ter sido mais inútil do que aquela! Preparei-me para o retorno com a promessa íntima de que buscaria, na simplicidade e na miséria, os caminhos de minha regeneração. Não era essa nem a primeira nem a última promessa de meu espírito rebelde. Por isso, escolhi uma favela, uma família pobre, mas trabalhadora, para retornar a este planeta, na certeza de que tais circunstâncias materiais teriam a vantagem de me proporcionar um novo caminho.

Infelizmente, o salto foi o oposto de minhas promessas de vida e descambei para o mundo do crime, sem poder e sem riqueza, mas com a revolta íntima de ter perdido tudo que me fora dado no passado.

No meio das mortes que semeei, dos que levei ao desespero com as drogas, no meio dessa podridão moral, ainda assim, tive a ventura de descobrir, no fétido ambiente de uma prisão, uma flor ainda intocada e pura que me trouxe a paz e o amor. Era um prêmio imerecido por tanta tristeza e dor já vividas. Nunca poderia ter entendido tanta bondade da vida para um ser tão ingrato como eu fora. E aqui, neste hospital, comecei a enxergar que só uma alma sem mancha, um coração desprendido, uma paixão incontida teria o condão de libertar-me da opressão. Deram-me, e eu não sabia naquela hora como agradecer, uma quase-menina, quase-mulher, para abrandar meu coração empedernido.

Foram suas preces, seu desejo intenso de resgatar a meu lado meus descaminhos que me puseram na senda do perdão e da compreensão.

Não pude desfrutar com ela as delícias de uma união longa e feliz. Deram-me alguns meses de compaixão e felicidade para que eu absorvesse algumas gotas de amor intenso.

Já posso entender que Deus usa de artifícios estranhos para recuperar uma alma perdida. Vidas e vidas passadas não conseguiram fazer o que a carícia de uma mão no meu rosto e um beijo cálido e silencioso conseguiram. Este anjo foi a salvação e a vitória da minha trágica e cruel morte.

Só peço a Deus, aqui no silêncio desta noite, ao lado de minha cama, que eu possa viver para agradecer eternamente essa bênção.

Nosso Pai tem caminhos desconhecidos de cada um de nós, desígnios inexplicáveis para recuperar um filho ferido e abandonado.

Eu já pude ver de novo Helena e minha filhinha. Saboreei cada gesto, cada palavra e pude ler, nas suas mentes, a lembrança carinhosa que ainda guardam de mim. Helena revelou a minha filha a existência de um pai amoroso, trabalhador e bondoso.

Descreveu-me como um príncipe preocupado com suas vidas, que deixara a melhor das impressões e cuja memória deveria ser lembrada com saudade e amor.

Ela só se lembrava da minha ternura nos poucos instantes que desfrutávamos juntos, e criou uma imagem bem distante da realidade que eu vivera.

Sei que podem seguir suas vidas com a proteção divina e que eu vou seguir o meu caminho até poder reencontrá-las um dia.

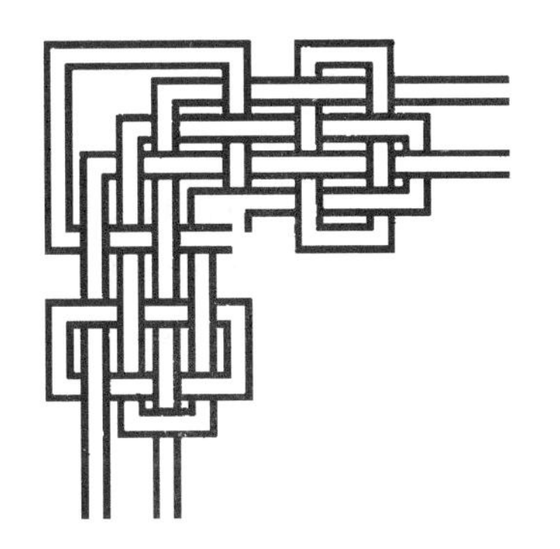

35

Parece que estou aqui há uma eternidade. Não há como contar o tempo nesta dimensão. Embora eu saiba que a passagem da vida terrena para este estado tenha sido penosa e difícil, onde estou vivendo é quase uma extensão da minha última jornada terrena. Nem poderia ser diferente. Apesar da recuperação gradual dos meus sinais vitais, a violência de minha passagem causou sequelas cujas cicatrizes são de difícil reparação.

Sinto-me vivo com os sentidos todos ativos, mantendo uma sintonia muito próxima da que eu utilizava anteriormente entre meu corpo e espírito.

Num trabalho fecundo e demorado, devolveram-me os membros esmagados, triturados pelas mordidas dos cães e riscados à bala, tecido por tecido.

É por esse motivo que, dia após dia, vão injetando em meu cérebro o aprendizado elementar das noções básicas da moral cristã.

Para quem, como eu, que não tinha qualquer iniciação religiosa, foi preciso reconduzir minha mente à posição 'zero', e dali partir para a aquisição de novos conhecimentos.

Trabalho árduo desses abnegados benfeitores, que não medem esforços, tempo e paciência para introduzir, uma a uma, as noções básicas da espiritualidade divina, moldando com cuidado o quebra-cabeça de meu novo espírito afinado com os princípios morais da vida cristã.

O meu passado ficou apenas como uma página passada de minha existência. O que realmente importa é o que vou fazer daqui para frente.

Os dias são curtos para tanta informação e aprendizado.

Tenho, sim, a oportunidade de retornar, em espírito, à companhia de minha esposa tão amada e de minha filha. Sei que seu futuro está traçado, sem a minha presença.

Foram anjos postos no meu caminho como sinal da misericórdia divina por um filho ingrato e pecador. Foram apenas o móvel da vontade divina para trazer-me ao rebanho antigo, do qual nunca deveria ter me afastado.

Hoje entendo que, para o Criador, sua obra mais perfeita é o retorno do pecador que se afastou de sua Luz. Seria inadmissível à perfeição divina que o fruto de seu seio pudesse ficar para sempre desgarrado de sua proteção.

Não me perguntem por que eu fui escolhido para trazer-lhes esta mensagem. Há mistérios insondáveis que nós, espíritos em evolução, ainda não conseguimos desvendar.

Talvez se pudesse perguntar por que Francisco de Assis não retorna para escrever um depoimento como este, com a autoridade moral de sua santa vida? Creio que poucos ouviriam a história de um espírito sem mancha com o mesmo espanto que demonstraram com os registros de minha vida.

Há lugares para todos, no universo do amor de nosso Pai: santos e pecadores convivem sob o mesmo teto, sob a mesma proteção deste Ser que tudo quer e tudo ama.

Não sou o único a receber, nesta aurora de um novo tempo, tanta compaixão.

Há lugar para todos na casa de nosso Pai misericordioso. Posso testemunhar, agora, que muitos outros, em situações iguais ou mais dolorosas do que a minha, tiveram a mesma oportunidade de serem resgatados nessa missão de paz e solidariedade. Não preciso imaginar quanto ainda irei caminhar pela senda das sucessivas reencarnações até que meu espírito comece a refletir a luminosidade dos filhos da paz.

Sei que estarei de novo um dia nessa terra abençoada, dádiva de um Pai que sempre se preocupou com o destino de cada filho seu, sem se importar pelo seu credo, raça ou opinião.

É aqui ou aí, que cada um de nós terá de sucumbir ao chamado divino da superação de seus defeitos, do envolvimento diário com o aperfeiçoamento de espírito, vivendo, sofrendo, lutando e conquistando passo a passo, etapa por etapa, o próprio crescimento moral e espiritual.

Não me importa quanto tempo custe, tenho a certeza de que não esquecerei esta jornada de caridade e de paz a que hoje me conduziram. Ela há de ser uma marca indelével no meu espírito, apontando-me o caminho do bem e da esperança.

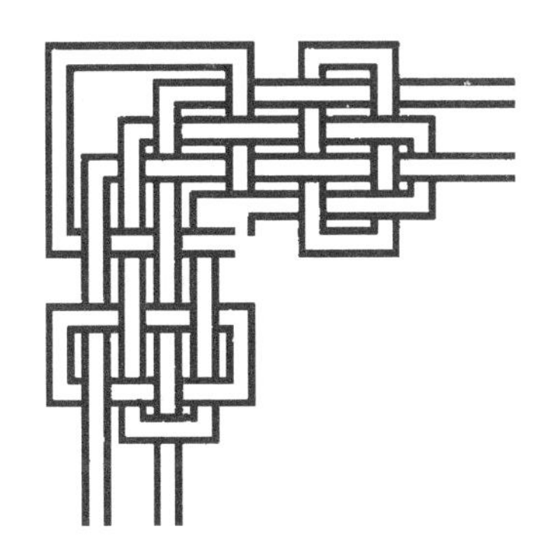

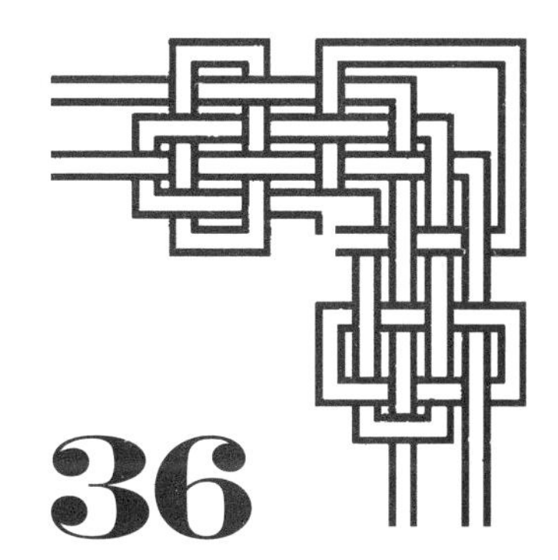

36

Sentávamo-nos à sombra de uma frondosa árvore no gramado bem cuidado do jardim do hospital. Numa roda de amigos, nossos mestres e os irmãos em recuperação conversavam sobre as virtudes.

A pergunta que se fazia era sobre a mais importante das virtudes cristãs.

Quando a humildade parecia ter saído vencedora de todas as pesquisas, a caridade foi suplantada pela palavra de nosso dirigente:

– Não há dúvida, irmãos! A caridade é a rainha das virtudes. É a essência de toda a bondade divina. Ninguém poderá afastar o mérito de sua importância. No entanto, hoje, na situação em que nos encontramos, a mais difícil, a mais desejada, a mais importante das virtudes se chama PERDÃO!

Todos olhamos sérios para a explanação de nosso mestre. Questionávamos por que se dava tamanha importância para o perdão.

– Vou recordar-lhes aquela preciosa passagem bíblica em que o Mestre se dirigia a seus discípulos, lembrando-lhes que não se deve apenas perdoar sete vezes, mas setenta vezes sete, isto é, perdoar sempre e incondicionalmente, sem restrição nem limitações.

Num arroubo de conhecimento, começamos a ouvir dos lábios daquele mentor sublime que toda a doutrina cristã tinha um dos seus mais importantes pilares, o perdão, como símbolo da caridade cristã.

– Quão difícil é saber perdoar. Quantas amarras têm de ser desatadas para que possamos com sinceridade e sem remorsos perdoar. E esse perdão não pode deixar para trás qualquer resquício de ingratidão, mágoa ou arrependimento. Ele precisa ser completo, despojado e eterno.

"Se há uma dor que corrói nossa alma é o sentimento da ingratidão. O que dizer, então, do sentimento da tristeza e vergonha pela nossa impotência diante da maldade gratuita, renovada e cruel?

"Sabemos de nossa impotência diante da palavra que nos fere profundamente, da maledicência que abala nossa reputação, da satisfação do ofensor que se regozija com nosso sofrimento. Não há dor mais fulminante que a humilhação de nossa honra, de nossa dignidade.

"Ainda, assim, há que se buscar, lá no mais íntimo de nosso ser, a coragem de aceitar a ofensa como mais uma prova a dobrar nosso orgulho. Em quantas reencarnações vemos nossos entes queridos sofrerem conosco impotentes diante da falta de compreensão com que somos tratados, sem poder reagir para que outros não sofram mais ainda?

"E essa cadeia de ofensas, atos e eventos vão marcando, dia-a-dia, nosso íntimo, aprofundando o ódio que nos consome e a vontade extrema de vingança. Quanto fingimos suportar essa reação que se desencadeia na nossa mente, a ponto de pedirmos que a justiça divina intervenha para pôr um fim a tanta perturbação!

"É por isso que o perdão é a mais difícil das virtudes a ser alcançada, porque ela tem de nascer dentro de nós, tem de ser cuidada como se zela por um ramo de flor.

"Não há exercício mais desgastante, mais imprevisível do que o de domar o instinto animal da vingança.

"Seremos verdadeiros cristãos, se um dia pudermos dizer, sem medo e vergonha, que já perdoamos nossos inimigos; quando pudermos olhar os que nos ofendem com a vontade de ajudá-los a evoluir.

"'Pai, perdoai-os porque não sabem o que fazem!'

"Que estas palavras de Cristo possam conviver conosco ao longo de nossa jornada, estendendo o braço amigo para nosso ofensor, devolvendo-lhe, com amor, a má impressão que sempre lhe causamos, ainda que não tenha sido por nossa culpa.

"'Se lhe baterem numa face, ofereça-lhe a outra' não se trata de frase de mero efeito, mas da divinização simbólica da extensão do perdão.

"Não teria sido por mero acaso que tantos exemplos e palavras do Cristo vão surgindo na leitura dos evangelhos. Há, por trás dessa intensidade de exemplos, uma mensagem profundamente cristã e significativa."

Naquele dia, sob a sombra das árvores do jardim, com nossos amigos espirituais, comecei a descobrir que há uma longa, muito longa caminhada, até que possamos alcançar o conhecimento da vivência das virtudes cristãs.

A nossa vida é um contínuo e persistente trabalho de aplicação e prática das verdadeiras máximas morais que o Criador nos deixou.

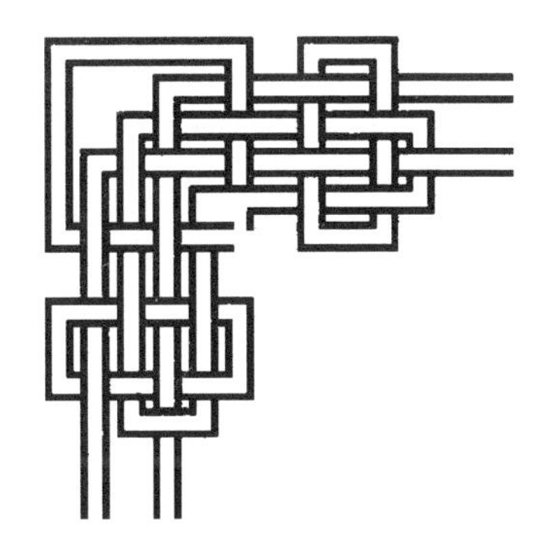

37

Passei vários dias rememorando as palavras de nosso mestre sobre o perdão. Naqueles momentos eu sentia o quanto precisaria, ainda, aprender sobre minha evolução espiritual.

Lembrei-me como e em que condições fora resgatado com o corpo em frangalhos e, pior do que isso, com o espírito massacrado e o coração a pedir misericórdia, esquecendo-me de que, para receber essa graça, eu teria que me livrar totalmente das tristezas, mágoas e feridas adquiridas ao longo de minha última existência. Como acumulara e destilara durante tanto tempo rancor e vingança!

Naquela solidão do cárcere em que vivera meus últimos anos de vida, eu tinha amadurecido, dia após dia, sentimentos de vingança e isso causara em minha alma um peso imenso.

Pouco a pouco, começo a entender que deverei resgatar todas as minhas dívidas com meus inimigos, com aqueles que arrastei para a decomposição moral e física entre as drogas, com as famílias que sacrifiquei para subir os degraus do crime.

Imagino quantas existências serão necessárias para devolver a cada uma de minhas vítimas o direito de viver em paz e felicidade, depois de tanta dor.

Será uma longa jornada para a qual deverei preparar-me com afinco e tenacidade.

Soube, hoje, que serei levado para uma colônia de estudos e preparação e já começo a sentir imensa saudade destes meus amigos. Não quero despedir-me, pois não tenho a certeza de que resistirei às lágrimas.

Não fossem eles tão generosos e desprendidos, eu não estaria em condições de continuar minha caminhada.

*

* *

Foi muito comovente a nossa despedida. Cada um se mostrou mais afetuoso e amável do que os outros, desejando-me felicidade e a certeza de que, nas nossas idas e vindas, iríamos nos reencontrar muitas vezes.

– Você já está pronto para seguir seu destino, irmão! Lembre-se de fazer com os que cruzarem seu caminho tudo aquilo de bom e valioso que tentamos lhe ensinar. Vá em paz e que Deus o abençoe!

Essas palavras ecoavam em meus ouvidos, quando já estávamos bem distantes, a caminho de minha nova morada.

Não sei quanto tempo se passou, mas logo avistamos o casario branco, as árvores balançando ao vento, a nova colônia.

Meus acompanhantes foram comigo até uma construção em arcos, com uma cúpula que brilhava ao sol, e fui apresentado ao ancião responsável pela colônia, num salão aconchegante.

– Seja bem-vindo, filho! Nós já o esperávamos faz algum tempo. Temos acompanhado sua história. Com sua nova disposição no bem, vamos começar uma etapa importante na sua evolução. É a preparação de sua volta para nova reencarnação. O tempo que esta passagem por aqui vai durar não nos preocupa. Queremos ter a certeza de que você voltará preparado para uma missão de perdão e compaixão.

O velho mestre chamou alguns ajudantes e pediu-lhes que me levassem para conhecer meu novo lar.

Quando saímos para uma alameda que circundava o edifício, um casal de mãos dadas e um sorriso cativante aproximou-se.

– Filho, quanto tempo estivemos a sua espera. Como oramos a Deus Nosso Senhor para que você conseguisse superar as aflições de sua última batalha na terra.

Logo reconheci meus saudosos avós que, com sua bondade e simplicidade, encantaram meus primeiros anos de vida em minha última existência.

Abracei-os comovido. Eram os primeiros espíritos familiares que eu encontrava depois de tanto tempo.

Soube por eles que meu inesquecível pai estava muito bem em outra colônia vizinha, dirigindo um grupo de moços recém-desencarnados em acidentes de trânsito.

Agora eu começava a me sentir cada vez mais perto de minha casa, da qual nunca deveria ter saído.

O dia foi curto para tantos outros reencontros, a alegria esfuziante de parentes distantes que, ao saberem de minha chegada, acorreram para conhecer-me e abraçar-me. Foram as primeiras grandes emoções do meu retorno ao novo lar espiritual.

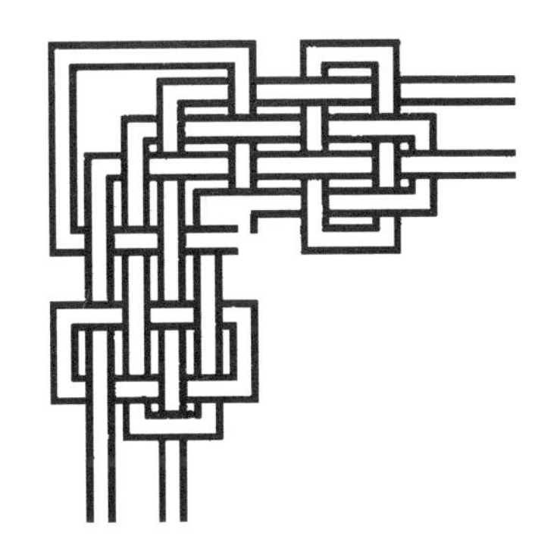

38

Tudo o que me foi ensinado nesta nova dimensão de vida eu procurei passar com minhas palavras para que outros, no desespero de suas experiências, pudessem encontrar algum alívio e consolo em seu sofrimento.

Hoje, posso dizer o quanto é difícil viver num mundo cheio de ilusões que nunca se concretizam. Como é mais difícil, ainda, achar o ponto de retorno para não mergulhar de vez na devassidão e no crime.

Quantas vezes perguntei-me onde estava a proteção divina que não veio ao meu encontro quando me chafurdava cada mais na maldade. Descobri que não era Ele que me deixava afundar cada vez mais. Era eu, somente eu, quem fechava os ouvidos aos conselhos que me chegavam de todas as partes e fingia ser o dono da verdade.

Ninguém há de carregar ou suportar mais do que o peso exato do seu fardo, nem mais, nem menos.

Como sabiamente disse um mentor amigo, você é que determina o rumo de sua existência. No grande teatro da vida, você é o personagem mais importante. Quantas vezes será preciso improvisar e fugir do roteiro para tornar mais realista a obra que você representa!

Deus nos fez todos a sua imagem e semelhança; não há previsão de erro na mente divina. Nascemos para ser espíritos de luz.

Para diferenciar o sabor da verdade ou o aroma da mentira, Deus nos permite senti-los ao longo de nossa existência.

Os princípios morais que adornam o espírito humano nascem com ele e nele já existiam desde a criação de sua alma. Somos nós, imbuídos de falso orgulho e preconceito que abandonamos, ou fingimos esquecer, essas normas divinas, para enveredar no caminho da vaidade, da prepotência e da cupidez, no jardim da maldade.

O alarme soará sempre que ultrapassarmos os limites de nossa falsa sabedoria para nos alertar do perigo à frente.

É preciso reconhecer nessa hora a necessidade de se impor um 'basta' a essa falsa ilusão de que estamos no verdadeiro caminho. Mente aquele que, diante do clamor de sua própria consciência, tem a coragem de dizer: – Eu não sabia!

O que prejudica o homem é sua ânsia de pretender ser o dono da verdade. Ninguém, senão Ele, pode ser a verdadeira Sabedoria!

Nós seremos, ainda por muito tempo, aprendizes, alunos medíocres distantes da conquista do dom do conhecimento. A verdade nos é passada no nosso dia-a-dia. Na paciência com que ouvimos o humilde expor sua compreensão simples e elementar da vida e seu destino; na simplicidade do raciocínio lógico e íntegro das crianças. Todo o conhecimento está nas verdades mais simples, sem dogmas, sem raciocínios pedantes, sem fundamentos fugazes.

O homem procura cada vez mais descobrir o conteúdo de cada religião, seus dogmas, rituais e mistérios para se sobrepor às afirmações singelas e puras.

Temos em nós uma essência divina, onde brilha a paz e o amor, símbolos da Divindade.

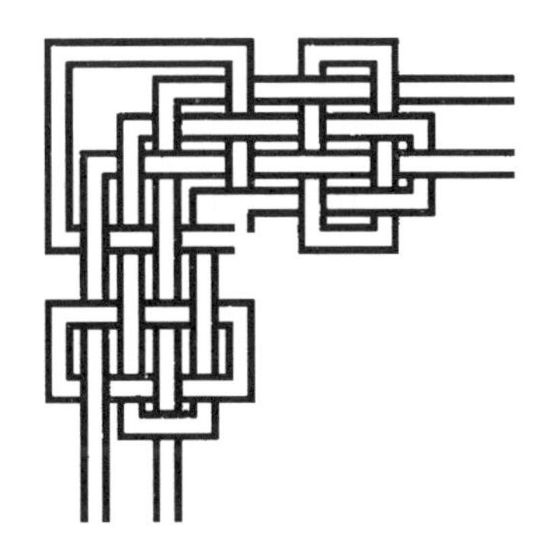

39

A nova colônia é tão ou mais bela do que o hospital onde passei os dias de maior alegria.

Estou morando com outros dois colegas numa casa confortável, ampla e iluminada. Estranhamente, o sol aquece todos os lados de nossa morada.

Não há um esquema rígido de atividades. Apenas dividimos nosso tempo em estudos, palestras e reuniões, todas voltadas para o aperfeiçoamento de nossos conhecimentos básicos da doutrina cristã.

Nossas horas de lazer são diárias. É quando aproveitamos para visitar outros amigos, centros de divertimento onde música, jogos, teatro e cinema estão abertos para todos.

Ninguém nos obriga a cumprir rigidamente os horários. Cada um escolhe a hora que melhor lhe convém. Sempre há alguém nos esperando para transmitir novos ensinamentos.

Como já havia mencionado, meus parentes já desencarnados vivem aqui nesta colônia, e nos recebem com tanta alegria e felicidade que sentimos a mesma emoção do primeiro encontro a cada visita que nos fazem.

Meus avós esbanjam carinho e atenção e não medem sacrifício para me ver feliz e à vontade. Garantiram-me que foram avisados com antecedência de minha chegada. Daí porque minha presença é motivo de mil perguntas sobre meu estado de espírito.

Agora fico sabendo que já se preparam para retornar à vida terrena. Gostariam que fosse em nossa família, porque há muitas encarnações nos acompanham. Em nenhum de nossos encontros, qualquer um deles mencionou minha vida passada, e muito menos questionou o rumo de meu destino em minha última encarnação.

Se lhes falo algo a respeito, pedem para que eu me poupe desse sofrimento.

– Foi um momento difícil na sua caminhada de evolução, meu filho. Deixe nas mãos de Deus o julgamento de seus atos. O que importa para nós é estarmos juntos, vivendo estes momentos de felicidade!

Sinto que eles todos se adiantaram e muito na senda da evolução espiritual.

Um dia desses fomos todos passear num local próximo da colônia onde a natureza é maravilhosa. Flores, árvores, frutos se mesclam numa harmonia divina exalando perfumes que inebriam nosso olfato.

Há rios que cortam as planícies verdejantes serpenteando entre ilhas cujo casario branco enfeita ainda mais a paisagem. Tudo é paz e tranquilidade. As pessoas passam aos grupos, conversando; crianças surgem em desabalada correria, gritando, brincando e pulando.

Digo a meus avós que gostaria de ficar por aqui para sempre e recebo como resposta:

– Isso depende apenas de você. Chegará um momento em que você sentirá necessidade de alçar vôos mais altos, de crescer interiormente e buscar o conhecimento da verdade. Por seu próprio interesse, você irá buscar o palco das suas novas experiências.

Sentamo-nos à sombra das árvores perfumadas e relembramos com saudades nosso tempo de criança na terra.

As lágrimas me vieram aos olhos, pois, como uma foto nítida e viva, lá estava eu me vendo no colo de meu avô, jogando uma linhada no rio perto de sua casa.

Ele adivinhou meu pensamento e me trouxe de volta à realidade dessa nova dimensão.

– Lembra meu filho que esta passagem por aqui é a oportunidade de realizar sua estabilidade emocional e espiritual. Aproveita esse tempo de reflexão e aprendizado e, quando você voltar para sua nova missão na terra, tudo isto estará gravado para sempre no seu inconsciente. Você vai sentir muita saudade destes momentos preciosos.

Contaram-me que também tiveram dificuldades para adaptação no mundo espiritual, pois a ligação com o plano terreno é muito intensa após o desencarne.

Lembraram-me que foi muito mais difícil para mim pela ocorrência dos sangrentos episódios que culminaram com meu desenlace.

Pediram-me que, nas minhas preces, lembrasse a Bondade imensa de Deus que, mais que um Pai, fora o Amigo constante e fiel ao meu lado para que eu não vacilasse diante de tanto sofrimento.

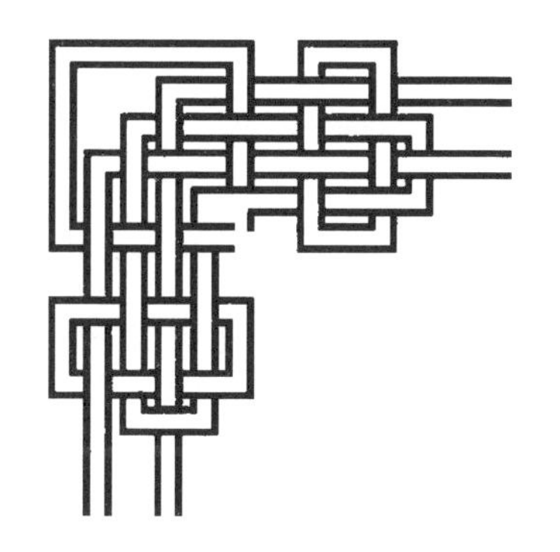

40

Um dos procedimentos terapêuticos, na nova colônia, consistia em cada um apresentar, em público, suas experiências passadas, suas lutas, quedas e vitórias. Fui, dessa maneira, convidado pelo administrador da colônia para narrar a seus habitantes a minha história. Atencioso, ele revelou que conhecia os meandros de dor, violência e sofrimento do meu caminho.

O convite me deixou aturdido, mas a atitude gentil e amiga de todos encorajou-me a contar uma história tão triste no seu nascedouro, mas tão comovente no seu desfecho após minha passagem. Se alguma vitória pudesse ser cantada, esta glória era de todos meus amigos espirituais que me resgataram e me trataram. Se alguma relação teria minha história com os ensinos do Cristo, certamente o que diz da felicidade na casa do Senhor quando um filho pródigo à casa torna. Quisera que, ao menos, minha experiência pudesse devolver a irmãos em condições parecidas como a minha a esperança que agora lhes falta.

O bondoso amigo foi benevolente ao extremo, deixando a meu critério a organização de minha preleção.

Fiquei vários dias encerrado em meu lar, organizando minha fala, escolhendo os momentos mais significativos de minha passagem terrena e, em especial, a longa e proveitosa estada no hospital.

À tarde de um agradável sábado, dirigi-me ao anfiteatro onde se reuniam os líderes da colônia em suas tomadas de decisões e lá fui recebido com alegria e respeito.

O local estava apinhado de homens, mulheres, jovens e crianças.

Os rostos sorridentes, as mãos estendidas que me seguravam os braços, os pedidos de um abraço ou uma palavra demoveram o temor que invadia minha alma.

De repente, lá estava o menino enjeitado e pobre da velha favela alçado à condição de centro das atenções. As lágrimas afloraram aos meus olhos e não pude reprimir um soluço embaraçoso.

No palco, onde as flores multicores enfeitavam e perfumavam o local, havia um estrado mais elevado bem à frente da plateia e, ao fundo, sentavam-se os guardiões e conselheiros da colônia com suas túnicas alvas como a neve, circunspectos, mas com um sorriso nos lábios.

Voltei-me com respeito para todos eles e os saudei com veneração, agradecendo a oportunidade que me davam naquela hora.

– Não mereço a honra com que os senhores me distinguiram neste momento, permitindo a um filho, cujo caminho tem sido caracterizado pelo erro, subir a este palco para rememorar uma trajetória de dor e lágrimas, uma peregrinação de ódio e violência, uma estrada de maldade e humilhação.

"Devo a cada um de vocês a eterna gratidão por terem me dado a chance de ser regenerado na escola da sabedoria e do amor.

"A vocês todos que aqui me vêem, quero fazer o meu pedido sincero de perdão, porque qualquer um de vocês saberia ocupar este lugar com muito mais merecimento.

"Passei os últimos dias em extrema ansiedade, escolhendo cada palavra, cada gesto de minha fala para tentar transmitir-lhes com realismo e sinceridade a saga de minha vida.

"Se ela servir de consolo e esperança para os que ainda duvidam da Bondade Divina eu me darei por satisfeito pelo dever cumprido.

"Nasci de uma família humilde, pobre e trabalhadora, numa favela abandonada e suja. Da minha janela era possível avistar ao longe os prédios ensolarados da cidade que nos cercava.

"Éramos párias de um mundo que tinha vergonha de nós, de nossa pobreza e nossa miséria.

"Àquela época, no alvor de meus poucos anos, eu não tinha o calor dos meus pais que lutavam pela sobrevivência honestamente.

"E eu sonhava em ser motorista, dirigir ônibus apinhado de gente... Sonhos de criança!

"Quando perdi meu pai, começou minha triste sina, o meu descaminho para a inutilidade e revolta."

"Descobri cedo demais que o caminho mais fácil para o sucesso seria o crime. Confundi totalmente a noção entre o bem e o mal e optei pela violência, egoísmo e ódio.

"Para satisfazer minha ânsia de poder, substituí o amor pelo ódio. Cheguei a acreditar que a vida devassa que levava era a única saída para minha ascensão no submundo."

E, assim, tive o cuidado de revelar aos meus ouvintes atentos passagens melancólicas e sórdidas de minha vida.

Minhas lágrimas se misturaram às daquela platéia cuja emoção me envolveu com todo carinho e compreensão.

Naqueles instantes eu me tornava o filho, o irmão e o amigo de cada um deles. Poucos talvez tenham descido tão baixo na escuridão do erro.

O relato de meu martírio por ocasião de meu desencarne causou no coração de cada um deles sentimentos de horror e piedade. Era o preço de uma vida sem luz, sem perdão, sem amor.

Ficaram enternecidos com a relação de ternura e paz que me proporcionou Helena, a mensageira que Deus colocou no meu caminho para abrir as portas do entendimento e da compaixão.

Fora ela o anjo compassivo que abandonara, com sua bondade e candura, a visão fantasmagórica do mal que se integrara a minha personalidade.

Não vi o tempo passar. A noite já caíra sob a colônia quando pronunciei as últimas palavras de minha quase-confissão àquela platéia interessada.

– Irmãos! Se hoje estou aqui, entre vocês, como um irmão arrependido, devo Àquele que me abriu o coração para o perdão e para o amor. Devo a cada um de vocês que apostaram na minha recuperação. Sou eterno devedor dessa imensa e bendita bondade para alguém que as leis divinas fez nascer como pária social, mas que o livre-arbítrio decidiu tornar pária moral como eu.

"Espero que esta história trágica possa servir de exemplo àqueles que se contorcem em dor e agonia na escuridão da ignorância e da maldade. Que eu possa semear a esperança onde houver a solidão e desespero."

O silêncio no auditório era total. Podia-se ouvir o canto dos pássaros noturnos na paisagem docemente enluarada da colônia.

Recebi o abraço fraterno e comovido de cada um dos mestres que se postaram ao meu lado no palco iluminado.

Desci pelos degraus da escada que conduzia ao auditório e quase não consegui chegar à porta de saída. Eram tantos os irmãos que me abraçavam e me confortavam por minha coragem e sinceridade!

Fosse verdadeira a crença no destino imodificável após a morte, como querem fazer acreditar as igrejas humanas, e eu, pelo passado desonrado, deveria estar sofrendo por toda a eternidade as penas de minha insanidade. Mas eu fora tocado pela Divina Mansidão e abençoado com a proteção dos amigos espirituais para levar adiante a mensagem de esperança e renovação.

Só me resta agora retribuir essa atenção até onde Ele assim quiser, e devotar todas as minhas vidas futuras na prática do bem e da verdade. Que não me faltem nunca força e coragem para aceitar essa difícil missão, resgatando almas feridas, abandonadas no pântano da devassidão e do crime.

Que eu lhes possa transmitir as palavras do Evangelho para reconduzi-las à trilha da fé e do amor em Deus. Que eu os perdoe como um dia fui perdoado, sem limite, sem contrapartida, sem qualquer mágoa no coração! São meus irmãos; quem sabe, muitos deles, amigos ou inimigos de vidas passadas, que se reencontram?

Hoje quero me alistar no exército dos espíritos auxiliadores do espaço para recomeçar a vida onde parei, tornando-a um modelo de desprendimento e humildade.

Que Deus possa me acompanhar nessa cruzada redentora, árdua, espinhosa e amarga, mas reconfortante para minha alma.

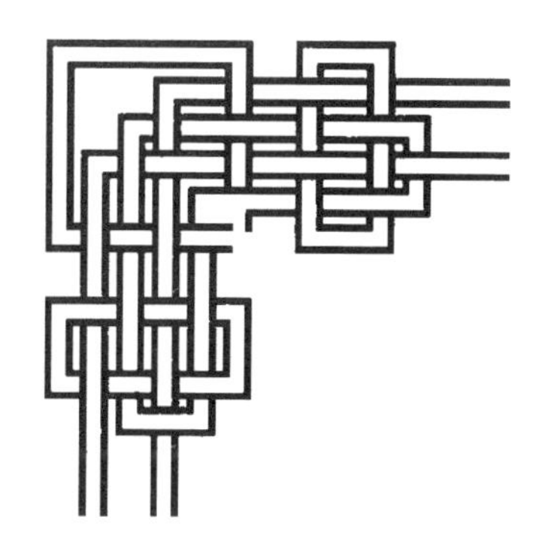

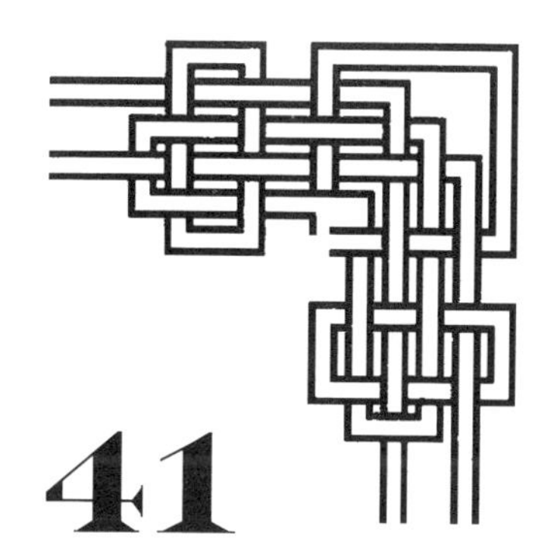

41

Vocês, meu irmão e minha irmã, que, tocados pelo amor infinito de nosso Pai, tiveram a oportunidade e paciência de ler este relato humilde, mas sincero, vocês que tiveram a felicidade de descobrir, muitas vezes em sofrimento, o caminho da revelação, perdoem a simplicidade das minhas palavras.

Fui trazido pelas mãos de meus amigos espirituais a um trabalho de caridade cuja maior virtude é a simplicidade e o amor ao próximo.

Recebeu-me um espírito de luz, que se esconde sob a imagem de um humilde Preto Velho, mas cujo amor transcende a todos os parâmetros conhecidos da vida espiritual.

Foi esse espírito de candura que me apresentou aos amigos encarnados, postados à volta de uma mesa, em total recolhimento.

Naquela noite, comovido e aflito, revelei àqueles irmãos em prece o meu desejo de que um dia minha história pudesse ser contada.

O ambiente era iluminado por um clarão azulado que envolvia todos os presentes, médiuns e assistência.

O espaço era pequeno demais para abrigar tantos outros irmãos desencarnados que, com respeito e atenção, acompanhavam cada etapa dos serviços espirituais, embevecidos pela aura de paz envolvendo a todos.

Foi uma experiência inédita e envolvente: a simplicidade do local, despojado, pobre, mas acolhedor. Causou-me uma impressão inesquecível.

Lembro-me da comoção que de todos tomou conta quando lhes pude revelar minha origem e meu passado.

Não questionaram minha presença; simplesmente me receberam como um irmão que procura um abrigo, alguém que pudesse narrar experiência amarga de vida.

Quando lhes pedi que fizessem chegar a muitos outros a minha mensagem, não houve relutância; talvez uma certa surpresa.

É por esses irmãos desconhecidos que me receberam com o mesmo abraço fraterno e amigo no seio de seu lar de caridade, que agora eu peço a meu Pai que os abençoe e os proteja do assédio da maldade.

Vocês, amigos eternos, ganharam minha gratidão e um amigo que os acompanhará na sua jornada e peregrinação.

Agora, posso dizer-lhes que a vastidão do universo abriga milhares e milhares de lares como o de vocês, tanto no plano terreno como no espiritual.

Vocês que, com sua simplicidade e carinho, continuam acolhendo outros irmãos que como eu enveredaram pelo caminho da maldade, ainda mantêm viva a chama da esperança no seu mundo.

Não fosse o seu desapego e humildade, eu jamais poderia ter enviado minha mensagem de fé e esperança.

Hoje, sou o maior defensor dos seus princípios, de sua conduta e de sua coragem. Não se envergonhem de sua pequenez, diante dos templos de sabedoria que vão proliferando por seu mundo, vendendo a salvação eterna.

Não se deixem contaminar pela luz vazia e oca da vaidade e do orgulho. Lutarei até o limite de minhas forças para conservá-los distantes da falsa vaidade dos homens que só querem o seu voto de luxúria e embevecimento, sem oferecer-lhes nada em troca.

Nosso Pai sempre esteve e estará na fala simples das crianças, dos humildes e dos que temem a Deus.

A sua missão é abençoada pelo Pai pela singeleza das suas finalidades e meios de se chegar a seus irmãos necessitados.

Não foi por um simples acaso que a Providência Divina me conduziu até esse lar de tanta bondade.

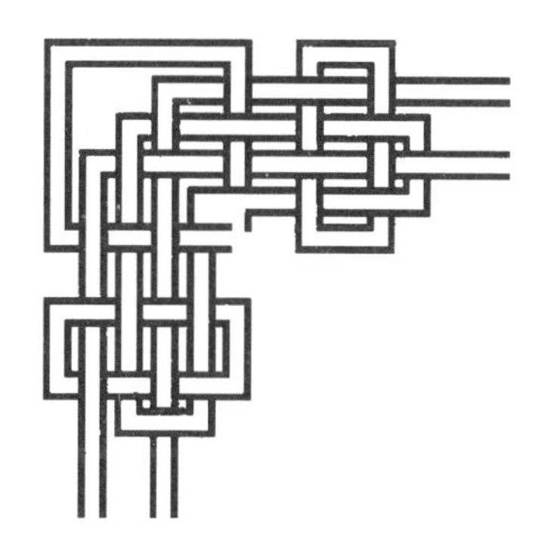

42

Irmãos em Cristo! O nosso querido amigo, a quem recebemos com tanto afeto em nosso convívio, irá se preparar para uma nova missão até que lhe seja designado o momento de reencarnar.

A história de sua jornada reflete, com toda crueza e dor, sua passagem pela terra em sua última existência, revivendo a realidade do cotidiano duro e cruel dos marginalizados de uma sociedade insensível e omissa.

Sua recuperação espiritual em condições absolutamente anômalas, dificilmente relatada nos escritos espíritas, é a prova cabal de que a caridade divina tem desígnios impensáveis sob a ótica cristã – de que não há evolução sem o resgate das dívidas passadas.

A autorização para que sua mensagem fosse divulgada foi decidida nos altos escalões dos mestres espirituais das colônias de recuperação no espaço. Houve ponderações bem fundamentadas de que, no avizinhar de um novo ciclo de evoluçao para este planeta, haja uma preocupação cada vez maior para que novas colônias de benfeitores abnegados se formem, prontas e preparadas para a recepção de milhares de irmãos que desencarnam em meio a conflitos bélicos, genocídios e lutas fratricidas.

Outras vozes mais ponderadas souberam sabiamente argumentar que, num mundo em transição, sob cruel sofrimento e amar-

gura, era chegado o momento de revelar a outra face divina da bondade de nosso Pai: o perdão e aceitação, sem condições, para a volta de um filho tão afastado do rebanho divino.

Prevaleceu, após intensos debates, a segunda proposta, com a advertência de que nenhum ato ou fato mais chocante não fosse revelado, para, de certo modo, justificar a missão de recuperação organizada no espaço desde seu resgate até a recomposição de todas suas faculdades vitais.

Abre-se, assim, um novo ciclo no espaço espiritual ocupado pelas colônias dedicadas ao tratamento e revitalização espiritual de irmãos em sofrimento que desencarnam em condições dificílimas.

Novos irmãos estão sendo convidados para essa espinhosa empreitada. Chegam, espontaneamente, dos mais diversos locais do espaço sideral, ansiosos para trazerem sua parcela de dedicação e devotamento a esta missão.

Que Deus nosso Pai possa fazer crescer no coração dos leitores desta mensagem o propósito voluntário de se doarem para esta nova cruzada de desapego e humildade. Que Deus os abençoe!

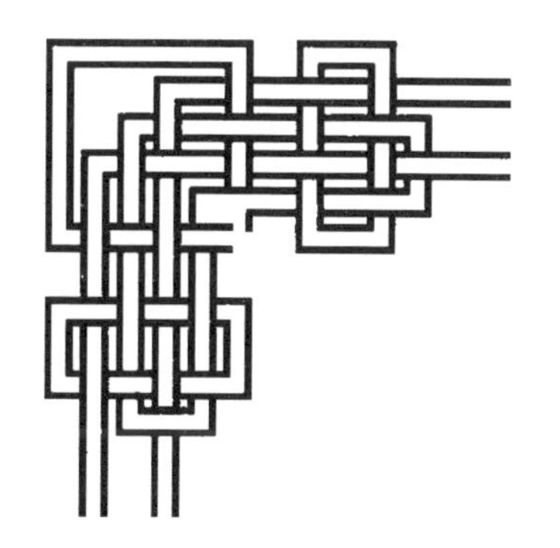

43

A todos nossos irmãos em Cristo que me acompanharam nesta jornada, peço a Deus sua proteção! Nada poderia ter sido feito sem a ajuda valiosa de todos vocês.

Hoje posso dizer-lhes, sem temer nem vacilar, que estamos todos num mesmo estágio e dimensão. Nossos universos se interpenetram, numa estreita relação de sentimentos. Nós, desencarnados, temos a oportunidade de nos desvencilharmos das limitações carnais, ver e entender com mais facilidade os liames da libertação do espírito, passo a passo.

Sabemos que a densidade desse planeta impede o desvencilhamento do pensamento livre, ainda atado às injunções corpóreas e seus sentidos.

Se todos pudessem cada vez mais se libertar dessas algemas que tolhem os pensamentos, preocupações e dores, poderiam mais cedo se incorporar ao trabalho desses abnegados irmãos destas colônias de recuperação.

O resultado seria mais rápido, permitindo que juntos pudéssemos intensificar o trabalho de reajuste de milhares de irmãos desencarnados.

Procurem intensificar os laços de contato com nossos mestres espirituais; vivam uma vida mais saudável, sem vícios que freiem o desenvolvimento de sua elevação espiritual.

Só desse modo conseguiremos acompanhar bem próximos de vocês os esforços que fazem para estabelecer um contato mais profundo e permanente com nossa colônia.

Sentirão a cada dia a sensação de plena evolução mental e espiritual, e manterão afastados os obsessores que rondam suas almas em busca de um instante de fraqueza para desencadear a vingança e o ódio nos seus corações.

Mantenham-se vigilantes, imersos na oração, como Cristo nos ensinou, e logo poderão sentir a aura de paz e compreensão que envolve nossa vida nesta dimensão.

Aceitem sem temor a doutrina do amor e do perdão que os levará para a estrada que conduz ao nosso Pai. Lembrem-se sempre das palavras de nosso Salvador, que prometeu preparar para cada um de nós uma morada de felicidade junto a seu Pai. Sigam o exemplo desse espírito divino que nos deixou gravada a mensagem do perdão, da humildade e da redenção.

Sereis chamados de loucos, mas loucos de amor pelo próximo, loucos de esperança pela vida eterna, loucos de paixão pela bondade.

Que nenhum entrave se ponha entre vocês e a busca da verdade e da sabedoria, dois baluartes do seu crescimento espiritual.

Até que todos nós possamos trabalhar na mesma dimensão espiritual, vamos conviver na esperança e certeza de que Deus não nos irá desamparar.

É este o desafio que se apresenta diante de seus olhos. Que não haja o temor, o desânimo e a desesperança em nossos corações! A nossa missão é abençoada por Cristo, nosso mestre e irmão!

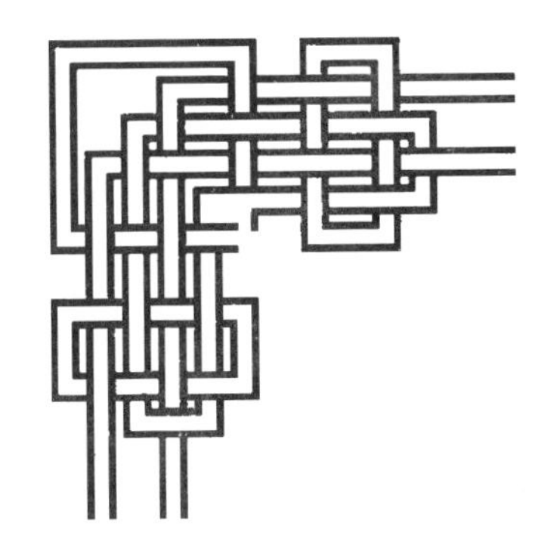

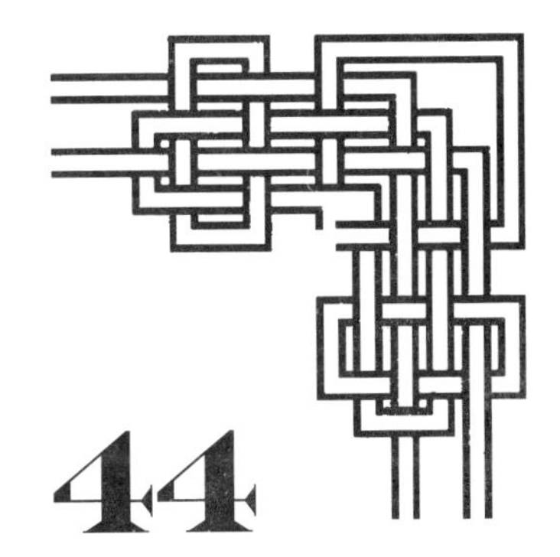

44

Quantas vezes, vocês meus amigos, se perguntam da razão de ser de certas provas, muitas aparentemente intransponíveis e difíceis, que afligem suas vidas até no ocaso da existência.

Quantas vezes vocês se questionam das razões que os levaram a suportá-las, muitas vezes, sem qualquer reação, até com a humilhação pessoal e afronta a sua dignidade pessoal.

O que eu posso dizer-lhes é que não há nos desígnios de Deus, a concretização do sofrimento como parte do resgate de vidas passadas.

Não é Ele que nos impõe certas penas, daí porque levantar os braços e bradar contra os céus no momento de aflição é pura tentativa de tirar de nossos ombros a culpa de nossos próprios erros, presentes e passados.

Cumpre-se tão somente aceitar a lei universal da ação e reação, em nível espiritual. Quantas e quantas vezes a humilhação gratuita consegue derrubar a parede do egoísmo que envolve nosso comportamento. Como aceitar ou não essa prova decisiva, está dentro de nós mesmos.

Lembrem-se da lição do perdão que nossos mestres nos ensinaram como sendo a virtude de maior valor e de tão difícil conquista. O mesmo ocorre com a derrota do egoísmo a misturar-se com a vaidade, dominando sorrateiros nosso comportamento.

Lembrem-se nessas horas de provação da lição eterna de nosso mestre Jesus, achincalhado pelos sacerdotes do templo e seus algozes que, apesar de terem se valido de suas palavras, ajuda e milagres, voltaram-se contra Ele no seu julgamento iníquo, levando-o à tortura extrema, até o sacrifício do Gólgota.

Qual a sua palavra de revolta? "– Pai, perdoai-lhes porque não sabem o que fazem!"

Poderia tê-los reduzido a cinzas e pó, mas preferiu num gesto divino isentar-lhes de toda responsabilidade.

Quisera poder trazer-lhes todas as razões do mundo para justificar a tristeza e mágoa que tanto os envolve nestes instantes de duras provações.

Lembrem-se que são tão poucas as oportunidades de purificar sua regeneração, que nada justificaria sua revolta nesta hora. Tudo é passageiro e num instante brilhará mais cedo sua recompensa.

Livrem-se agora de todos esses vícios que ainda enfeiam sua aura, afastando bons espíritos e ameaçando a sintonia de suas mentes com irmãos de luz que tanto os amam.

Aceitem com resignação essas provas que tanto magoam seus corações. É nessa hora que se prova a coragem do verdadeiro cristão, do homem temente a Deus.

Segurem nossas mãos e caminhemos juntos os passos que ainda lhes restam para cumprir sua missão na terra.

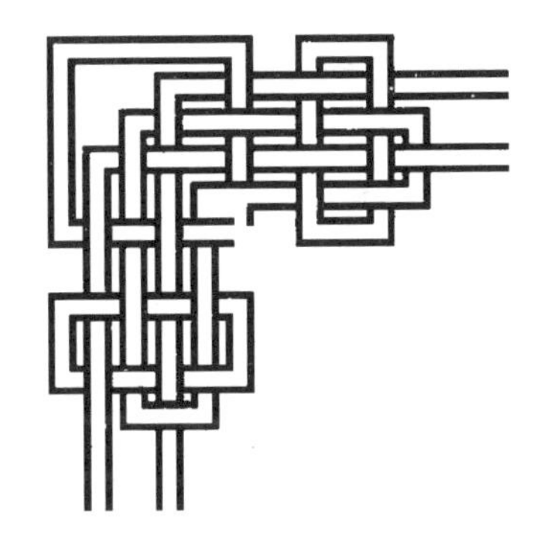

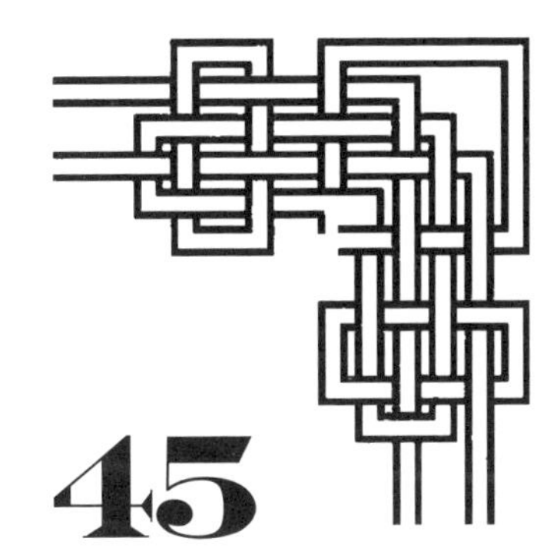

45

Hoje deveria ser para mim uma data de penosa recordação e, no entanto, não fosse a Providência Divina, não poderia eu ter resgatado ainda que em sofrimento doloroso tão longa dívida com meu passado.

Revejo agora sem a mágoa que compungia meu peito naqueles duros momentos a necessidade cármica de passar por uma prova tão angustiante.

Na poça de sangue em que me esvaí naquela sala de tortura, realizou-se o batismo de fogo de minha compreensão que a Providência Divina reservou-me, como um símbolo perene de minha liberdade de escolha.

Tudo poderia ter sido diferente, mas será que se não tivesse se realizado daquela maneira poderia eu agora lhes enviar estas palavras?

Irmãos! Nada acontece por acaso, nem nós podemos a nosso arbítrio determinar o nosso futuro. Era chegada a hora de tomada de consciência e nada poderia ter-me dela afastado.

Como um cordeiro que é levado ao matadouro, assim meu corpo foi encaminhado ao altar do supremo sacrifício.

Se não me faltaram naquela hora forças para enfrentar tão aguda dor, devo única e exclusivamente àqueles que desde a eternidade me ampararam.

Não há remorsos, não há mágoas, só a sensação de ter cumprido mais uma etapa na evolução de meu espírito.

Poderia buscar no cenário da Roma antiga, onde os cristãos eram martirizados por sua crença na verdade cristã, a razão de tão angustiante reajuste. Não estaria eu naqueles primórdios da era cristã revestido atrás de um elmo e da espada de um executor frio e calculista do Império Romano?

Com quase convicta certeza, quantos servos de Cristo não empurrei para as fogueiras, para o massacre das arenas, ou nas cruzes incendiadas da Via Ápia.

O tempo é o termômetro de toda a iniquidade humana!

Dois mil anos não foram suficientes para abrandar um coração tão duro? Quantas oportunidades de regeneração não me foram oferecidas em todos esses séculos e eu as descartei uma a uma.

Deus não tem pressa, sua paciência é infinita. Um dia Ele estará na volta do caminho à espera do filho desgarrado.

Hoje posso assumir o compromisso de refazer em quantas vidas for preciso o reencontro do perdão com todos os irmãos vítimas de minha maldade.

Não importa o tempo que durar, não poderei descansar meu coração até que o último irmão, vítima de minha violência, seja abraçado e me perdoe por meus atos.

Lembrem-se que há um tempo para cada coisa: o tempo do amor e do perdão. É chegado o momento sublime de reconstruir o caminho perdido de nossas vidas, sem medir esforços e sacrifícios.

O resto a Deus pertence!

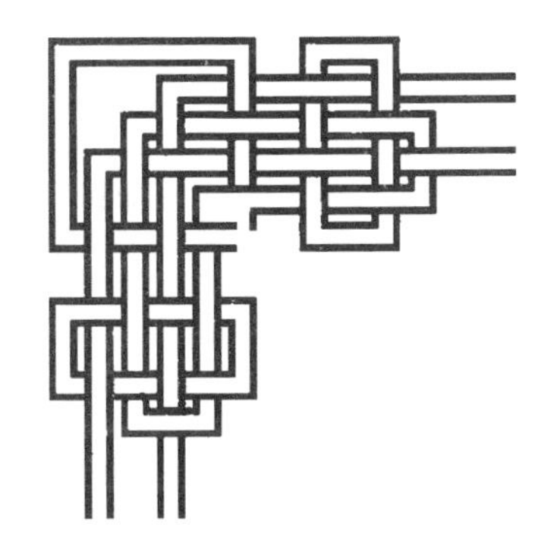

46

Creio que, com a graça de Deus, poderei transmitir para todos que lerem um dia esta mensagem um pouco de esperança na misericórdia divina.

Estamos vivendo momentos de grande aflição neste planeta. Não há lugar onde a ansiedade e a revolta não tenham feito tantos defensores e partidários. Vive-se da ilusão do consumo sem controle, da devassidão dos costumes, da vida alucinada entre drogas de toda espécie.

O ser humano já não almeja a paz interior: luta e se debate sem trégua pela simples sobrevivência, sem atentar para os riscos do desregramento moral e mental.

A moeda corrente é o egoísmo desenfreado, o orgulho e a busca pela riqueza, como se a vida se resumisse em tão poucas e débeis alucinações.

Tudo começou pela degradação moral da família, cujos responsáveis deixaram seus filhos à mercê da própria sorte, sem orientação, sem objetivos. Como poderiam florescer numa família as virtudes cristãs, se os responsáveis pela sua inspiração abandonaram as regras da moral cristã, substituindo-as pelos prazeres materiais da vida dissoluta?

Em nome da modernidade, aviltaram os princípios morais para adotarem as regras do hedonismo puro, onde não há lugar para o culto do espírito, mas tão somente para o culto do corpo.

A propaganda silenciosa e atraente levou a todos indistintamente para a cultura muscular, a estética do belo, o vigor da juventude, a insensatez do prazer sem freios.

Onde não há lugar para Deus, as trevas predominam, prometendo a juventude eterna, a luxúria e o dinheiro. Infelizmente, esse estado de coisas terá o seu fim, como feneceram todos os impérios desta terra, em dor, tristeza e morte.

É preciso que os verdadeiros cristãos se unam onde estiverem, em prece e recolhimento, para continuarem recebendo as mensagens dos bons espíritos, mensageiros da paz e da caridade.

É preciso fazer frutificar, em cada lar, a necessidade da perseverança, do perdão e da palavra divina para preparar o terreno para o plantio da semente da verdade e da fé no Cristo, nosso mestre.

Nunca foi tão verdadeira a mensagem do Evangelho de que muitos serão chamados, mas poucos os escolhidos. Permaneçam atentos às tentações que assolam os filhos de Deus para tirá-los do caminho do bem. Uma grande corrente de ajuda já se formou desde a espiritualidade até os lares de cada um dos filhos do Senhor na Terra.

Não temam, nem esmoreçam na luta contra a ignorância, o ódio, a avareza e a maldade dos inimigos da palavra de Deus.

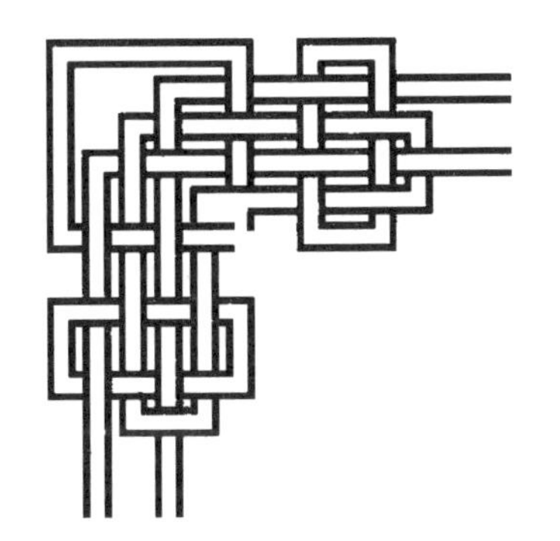

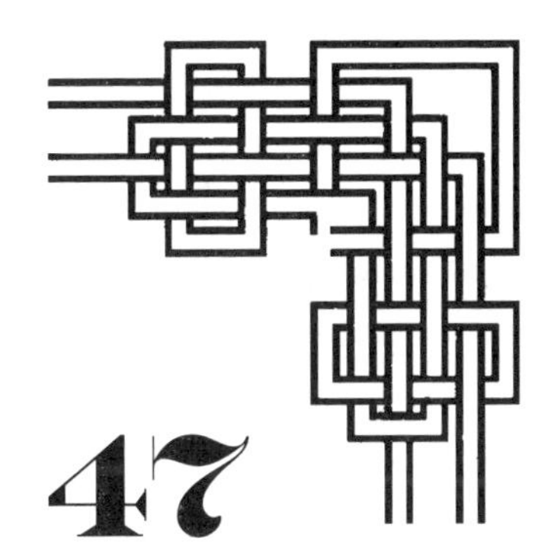

47

Meus queridos amigos, se a minha história lhes tiver causado uma parte da emoção que se assenhoreou de mim ao revivê-la nestas singelas palavras, onde o coração se sobrepôs a toda razão, dar-me-ei por satisfeito.

Não omiti nenhum detalhe, não enfeitei os fatos nem os enriqueci com adjetivos que pudessem amenizar a realidade. Busquei as palavras mais simples para traduzir cada evento com o cenário apropriado e fiel.

Falo por todos aqueles que não puderam expor sua dor e amargura, diante da vida cruel que enfrentaram.

Minha recuperação foi obra da bondade divina, que viu num filho abandonado a oportunidade de renovar a esperança da salvação.

Sou o trabalhador da última hora a quem Deus Nosso Senhor reservou um lugar à mesa para brindar o seu retorno.

Recebi tudo como gesto da misericórdia infinita de Nosso Pai, que nos fez todos a sua imagem e semelhança e que me estendeu as mãos com o mesmo amor que o faz aos amigos e inimigos.

Espero que as palavras de fé e esperança aqui reveladas sirvam de consolo para os desesperados, os que nada mais anseiam, a não ser o descanso que a morte lhes possa proporcionar.

É para esses meus irmãos que trago a mensagem de esperança e da confiança, para que jamais duvidem da proteção divina que paira sobre todos nós.

Vamos, todos juntos, clamar bem alto para que todos nos possam ouvir, fazendo ecoar, nos mais longínquos e remotos rincões do universo, a palavra de Deus, o seu código de regras morais e eternas, em que o amor seja a palavra de ordem.

Venham comigo engrossar as fileiras dos novos cristãos, rejuvenescidos na graça e no amor do Cristo, para lançar aos quatro cantos da Terra a mensagem do seu Evangelho.

Unamos os nossos pensamentos num só esforço de arregimentar novos semeadores da Boa Nova: Cristo voltou para redenção de todos!

Este é o apelo para um mundo que se esfacela na mediocridade, na insensatez e na devassidão. Deixemos de lado toda a futilidade do poder efêmero, da riqueza inconsequente, da mentira que cega nosso olhos. Vamos preparar a passagem de um novo tempo de paz, sabedoria e amor, que irá unir os homens na marcha para sua evolução espiritual.

Seremos nós a semente desse novo mundo, a terra arada onde deverão vicejar as virtudes cristãs. "Eu sou o Caminho, a Verdade e a Vida!" Esse é o verdadeiro e eterno legado que o Cristo nos deixou!

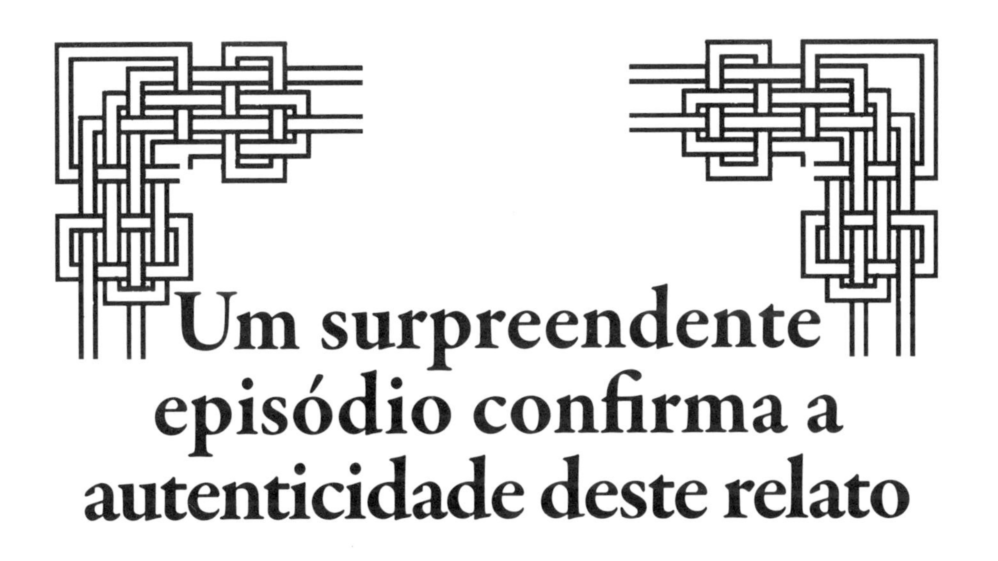

Um surpreendente episódio confirma a autenticidade deste relato

Por Eliana Haddad[1]

A história de *Carandiru – um depoimento póstumo* não é uma história comum. Por detrás dos questionamentos sobre a veracidade dos fatos relatados por meio da psicografia ao médium Renato Castelani, outra história curiosa e desafiadora ocorria silenciosamente e iria justamente comprovar detalhes da obra mediúnica.

Um detento, personagem citado no relato espiritual, foi encontrado e ouvido, numa série de encontros e correspondências que enfeixaram elementos que mostram que o acaso não existe e que muitas vezes as respostas não chegam quando queremos, mas sim no momento certo de chegar.

O relato do "massacre do Carandiru",[2] ao trazer a visão testemunhal – e póstuma – dos fatos, transcendeu os muros da prisão. Zeca,

---

[1] Eliana Ferrer Haddad é jornalista. Formada em comunicação social, trabalhou em revistas e jornais de segmentos diversos. Há dez anos atua ativamente na imprensa espírita, sendo também expositora do Instituto Espírita de Estudos Filosóficos, em São Paulo. Desde 2009 é a jornalista responsável do jornal Correio Fraterno.

[2] Em 2 de outubro de 1992, uma briga na Casa de Detenção, no complexo do Carandiru, zona norte da cidade de São Paulo, acabou se transformando em um dos

o autor espiritual, uma das vítimas do grande episódio, enviou mediunicamente depoimentos emocionantes. Revelou detalhes, por parte dos presos, sobre o caso que ficou conhecido mundialmente pelas inúmeras entrevistas e análises de autoridades policiais, políticas e de direitos humanos, como também o que ocorreu com ele, depois de morto, no plano espiritual.

Não havia como comprovar se a história era verídica. Nem a Casa de Detenção existia mais, para permitir que se conferissem, por exemplo, descrições detalhadas sobre os ambientes. O médium Renato Castelani chegou até mesmo a consultar o experiente Hermínio Miranda, escritor de vários clássicos espíritas. Em busca de um conselho sobre o motivo pelo qual a obra teria afinal vindo à luz, recebeu apenas a única e grande resposta: "Não temos a mínima ideia dos desígnios de Deus".

Carandiru – um depoimento póstumo era, enfim, uma interessante história contada por um espírito em sessões de psicografia. Até que um episódio fecharia questões intrigantes sobre a obra. E, nessas coincidências em que Deus assina o acaso com a precisão de suas leis perfeitas, eternas e justas, apoiadas no axioma de que todo efeito tem uma causa, estava o editor da obra, Cristian Fernandes.

Livro pronto, capa aprovada, impactante, texto analisado e revisado, conteúdo surpreendente, mensagem espírita... Ficção ou realidade? Sai a primeira edição, em 2007. Mas somente na segunda edição, em 2008, o trabalho criterioso da produção editorial seria retomado ainda com mais cores e dores, vivenciando-se uma incrível experiência. Cristian Fernandes foi preso.

---

episódios mais trágicos da história penitenciária mundial. Tudo começou com uma briga de presos no Pavilhão 9 e não terminou com a intervenção da Polícia Militar, mas com a morte trágica de 111 presos durante cerca de sete horas de invasão. Ex-detentos insistem que foram mais de 200 os mortos. O episódio, conhecido como "massacre do Carandiru", virou tema de filmes e livros. A chacina levou o governo do estado a decidir pelo fim do gigantesco complexo, cujas dependências foram parcialmente implodidas em 2002. Hoje, o espaço funciona como parque público, com centro cultural, de lazer e de formação profissional, incluindo a destacada Biblioteca de São Paulo.

Fugindo da rotina, numa quinta-feira, 7 de fevereiro de 2008, o editor saiu mais cedo do trabalho. Fora convidado a prestar depoimento sobre um acidente de trânsito, no qual seu carro estaria supostamente envolvido. O veículo estava mesmo amassado. Há muito tempo. Querendo ficar livre daquela situação e evitar futuros aborrecimentos, atendeu prontamente ao chamado. Para sua surpresa, acabou preso no mesmo dia em que compareceu à delegacia. De repente, viu-se colocado entre outros bandidos enfileirados. Do outro lado do vidro espelhado, era reconhecido como cúmplice de um assalto: "Foi ele!"

Como é de praxe, claro, ele não teve como identificar quem o estava acusando. Mas seu carro era supostamente da mesma cor, com o amassado no mesmo local... Ele fora, assim, erroneamente identificado como participante do assalto a duas irmãs gêmeas, duas semanas antes, numa noite de São Paulo. Nesse primeiro episódio, na delegacia, uma o reconheceu; dias depois, a outra também. Para elas, era ele o bandido que havia permanecido dentro do tal carro amassado, na espreita, a alguns metros, à espera do comparsa.

"Claro que tive grande receio sobre o que aconteceria atrás das grades. Foi um choque quando a delegada me explicou o que estava acontecendo e falou que era melhor eu chamar um advogado. Mas estive calmo o tempo todo, muito seguro do que dizia. A grande surpresa foi conhecer uma realidade que até então eu desconhecia: o grande respeito que existe entre os presos, apesar do caminho de vida que escolheram", analisa hoje Cristian, absolvido quatro meses depois.

Ele não se lembrou, quando prestou o depoimento inicial, de que, no momento do assalto, estava se dirigindo ao outro lado da cidade, para buscar seu filho, e que depois parou numa locadora para devolver um DVD assistido pela criança, o que seria depois confirmado por testemunhas.

A história do editor daria outro livro. Quem sabe? Preso, encontrou assassinos, traficantes, estelionatários e assaltantes. Ele era um "157" – indiciado por roubo. Sua reclusão lhe permitiu um contato mais estreito com a realidade das prisões, o que possibilitou a ele momentos inesquecíveis de reflexão sobre as ideias de liberdade, necessidades sociais, preconceitos e alerta sobre a importância da visão espírita na condução das vidas humanas. "Percebi que a grande maioria dos detentos usava uma máscara para não deixar demonstrar a fraqueza por estar ali, afastado da família, e por não conseguir mudar de vida".

Além de passar o tempo entediante na limpeza da cela e do pátio da prisão, Cristian lia, relia, anotava, corrigia e analisava textos, dando continuidade na cela ao seu trabalho como editor de livros. Sua atividade acabou chamando a atenção dos detentos, que se interessaram pelo trabalho que realizava. Aos poucos, foram se inteirando, também, dos assuntos tratados pelos livros espíritas, sendo apresentados a uma nova visão de um mundo com tanta indiferença, dificuldade e preconceito. Falava-se de esperança, de oportunidades de perdão. Não de condenação.

Desabafando-se nas conversas com Cristian, criminosos iam percebendo que a vida ia muito além do que imaginavam. Simplesmente porque não acabava. A vida era do espírito, a justiça era a própria consciência e Deus, a misericórdia infinita que oferecia inúmeras oportunidades de acertos através das reencarnações. Ninguém estava condenado para sempre e todos um dia seriam bons, justos e felizes.

Ouvindo confissões e analisando as histórias de vida, Cristian começou a indicar obras espíritas que tratavam do drama vivido pelos presos. Pedia os exemplares para editoras e familiares, recebia as obras e as emprestava. Essa atividade informal acabou por criar uma biblioteca circulante de obras espíritas. Circulavam *O evangelho segundo o espiritismo*, *O livro dos espíritos*, *Nossos filhos são espíritos* e tantas outras.

Cristian é convicto de que "os criminosos não são pessoas más, mas pessoas que agem de maneira equivocada em determinadas situações, como o momento de um crime. Fora disso, são pessoas boas com suas famílias, com seus amigos, amam seus pais, suas esposas, seus filhos e sentem muita falta da convivência com eles". "Somos levados a fazer diversas escolhas ao longo da nossa vida. E elas nem sempre são saudáveis, o que faz com que muitos acabem entrando no mundo dos crimes. Sair dele acaba se tornando tarefa muito difícil, assim como também é difícil para nós mudarmos atitudes com as quais nos acostumamos".

Ele lembra, por exemplo, que existiam muitos adolescentes que estavam ali apenas por não terem encontrado no lar uma educação moral firme. "Claro que a falta de educação não justifica a escolha que eles fizeram, mas existe a responsabilidade dos pais", observa.

Nos quatro meses de prisão, ouviu inúmeros casos a serem contados ainda. Um dos que mais o comoveram foi o de um detento que havia perdido seu filho recém-nascido, não havendo sequer acompanhado seu nascimento, conhecendo-o apenas nas visitas na cadeia. Depois de muito conversar sobre relações familiares e a sobrevivência após a morte, Cristian ofereceu a ele o livro *Na maior das perdas – a divina consolação*, de Regis de Morais, que, entre outros confortos, esclarece: "a vida é um intricado tecido de ganhos e perdas, o que faz dela um alegre sobressalto e, ao mesmo tempo, às vezes uma esperança com laivos de melancolia. Os temores, que sempre existem dentro de nós, têm que constantemente receber nossa assistência de fé, bem como – acima de tudo – a assistência do Divino Mestre através dos mensageiros do plano maior". Ao terminar a leitura, o detento lhe perguntou:

– Bandido também chora?

– Não sei. Não sou bandido! – respondeu com bom humor o editor.

– Pois eu chorei, e muito! Só de pensar em reencontrar meu filho nesse lugar espiritual aí, ganhei um motivo pra ficar vivo. Sinceridade!

Foi assim, descobrindo sentimentos profundos em assassinos e ladrões, que Cristian garante que eles trazem, sim, uma esperança de mudança. "Como todo ser humano, têm imensos desafios, dúvidas. E, considerando que todos somos criaturas que batalham pelo crescimento espiritual, consegue-se criar uma relação isenta de preconceitos", afirma. E acrescenta: "Penso que só consegui isso em função do conhecimento do espiritismo". Ele também assinala ter sido gratificante poder compartilhar com os detentos esse conhecimento. "Muitos ainda acreditam em céu e inferno e têm medo dos espíritos", revela o editor.

Apesar de ter merecido a confiança e o respeito dos detentos, a veracidade dos depoimentos de *Carandiru – um depoimento póstumo*, porém, continuava uma incógnita para Cristian. Afinal, seriam verdadeiros ou falsos os relatos de Zeca sobre o massacre?

Nesse quebra-cabeça que é a vida, como um jogo em que as peças vão se encaixando de uma forma cada vez mais fácil, quando se compreende as cores do desenho, aparece uma peça importante na história de Cristian: na biblioteca espírita itinerante da prisão, o livro mais procurado era *Carandiru*. Os presos se identificavam com a descrição pormenorizada do dia a dia de Zeca e animavam-se com o conhecimento novo sobre a vida na espiritualidade. Isso os afastava da condenação eterna no inferno. Havia esperança. Era possível, sim, criar uma nova vida, um novo caminho. Havia oportunidades. Reencarnação. Valia a pena lutar pela mudança.

E eis que surge outra peça importante: Márcio.[3] Era um rapaz novo, de muitos crimes, que tinha certeza de que iria para o inferno em companhia do tormento de muitos 'diabinhos'. Aproximou-se para conversar com Cristian, após ter 'devorado' parte do *Carandiru*. Estava maravilhado: "A vida do Zeca abriu uma chance de uma nova vida, que até agora nunca tinha passado pela minha cabeça". Novas esperanças, emoção, a vida não estava perdida. Era preciso mudar.

Um dia, Márcio entra afoito na cela de Cristian. Havia feito uma descoberta. Sabia quem era Camarão, um dos personagens do livro. Estivera com ele numa penitenciária. Os fatos batiam com os detalhes do livro. Era verdade!

O relato feito por Zeca, através da mediunidade de Renato Castelani, não era ficção. Márcio não somente confirmou a história de Camarão, como comunicou que ele ainda estava preso e que iria encontrá-lo nos próximos dias na mesma penitenciária do interior de São Paulo, para onde seria transferido. Iria confirmar tudo com ele. Pessoalmente.

Cristian recebeu a primeira carta de Márcio em 14 de maio. Num trecho, contava: "Aqui nada mudou, tá tudo igual. Os mesmos presos, os

[3] Nome fictício.

mesmos funcionários e eu novamente. Mostrei o livro pro Camarão, ele se emocionou ao ler a história e ficou feliz por ter sido lembrado..." No dia 29, outra carta: "Acabo de receber sua carta e isso me deixou muito contente, afinal fui lembrado por você! Estamos fazendo um comentário sobre o livro. Realmente lágrimas rolaram. Todos os que leram o livro se emocionaram. Estou frequentando as reuniões espíritas, tá crescendo o grupo, no momento estamos em 15. As reuniões são todas as quintas, das 16h às 17h. As cartas são como visitas para mim e esse é o meu passatempo predileto".

Finalmente, a veracidade de *Carandiru* estava textualmente confirmada. As identidades de Camarão, Zeca e outros, aliás, seriam ainda reveladas por depoimentos da testemunha. Meses depois, a inocência de Cristian era, enfim, sentenciada.[4]

Liberdade! Fora da prisão, Cristian abraçou seu filho, sua namorada, sua família. Reviu os amigos e voltou ao trabalho. Contando sua história para muitos ouvintes, e dentre eles o atento Renato Castelani, que, emocionado, viu finalmente suas dúvidas respondidas e a autenticidade da história de Zeca comprovada.

Em primeiro de julho, Cristian receberia mais uma carta de Márcio. Estava contente com a liberdade do editor. "Demorou, mas chegou, né?", dizia. Avisava-lhe também que Camarão havia se tornado pastor de igreja pentecostal, mas que isso não o impedia de falar sobre o Zeca, que fora realmente seu companheiro de cela por meses. "Aqui o mundo espiritual é visível. Como de praxe, os vultos e barulhos são por toda a noite", comentava.

Hoje, a biblioteca espírita circulante e as reuniões espíritas continuam entre os detentos, cumprindo o espiritismo seu objetivo maior, que é incentivar a transformação moral – individual e social – por meio do conhecimento lógico da imortalidade da alma, da reencarnação e da co-

[4] Tribunal de Justiça de São Paulo: "Arquivo: 391. 17ª Vara Criminal. Processo número 050.08.010621-8/00. Justiça Pública x CRISTIAN FERNANDES. Resumo da sentença: Diante do exposto, ABSOLVO CRISTIAN FERNANDES da imputação que lhe é lançada nestes autos, com fundamento no artigo 386, inciso VII do Código de Processo Penal".

municabilidade entre os espíritos. O livro *Carandiru – um depoimento póstumo* também, chegando a esta terceira edição. A história ditada por um espírito foi confirmada. A vida de todos os envolvidos com certeza mudou.

E o Cristian? Continua um editor cuidadoso, espírita dedicado, profissional competente. Até hoje não conhece as moças que o acusaram. Não as viu no dia fatídico em que foi acusado na delegacia. E em nenhuma outra situação.

Inocente? Segundo ele, "pela justiça dos homens, e se levarmos em conta apenas a existência atual, sim". O conhecimento espírita lhe permite responder, porém, que "o acaso não existe" e que, considerando-se todo esse enredo num contexto mais amplo, espiritual, "não há inocentes nessa história". Nem mesmo as irmãs, que também não por acaso foram instrumentos dessa situação constrangedora por que passou, o que não lhes retira a responsabilidade pelo que fizeram. "O espiritismo ajuda a compreender que as injustiças de hoje têm uma causa no ontem", lembra Cristian.

Ele também preferiu não buscar a justiça para provar que as moças estavam mentindo ou equivocadas, ou para provar que o Estado agiu de forma errada. "Acho que não preciso provar nada aos outros, se eu sei a verdade", justifica. Segundo ele, foram mesmo grandes lições. "A primeira foi a da paciência, compreendendo realmente o que os espíritos falam sobre a fé sincera ser sempre calma e dar *a paciência* que sabe esperar. A segunda lição foi o entendimento de que, por mais distantes que possamos parecer de determinados grupos de pessoas, um objetivo maior nos une: a necessidade de melhor compreender e praticar as leis de Deus".

A vida social, inevitavelmente, dá direitos e impõe deveres recíprocos, cabendo a cada um fazer a sua parte. "Deus não fez uns de limo mais puro que outros; todos são iguais perante Ele", explicaram por metáfora os espíritos superiores que trouxeram a terceira revelação à Terra.

Para o Cristian, hora de virar a página. Outro envolvente livro?